RICH DAD

বিজনেস
স্কুল
SECOND EDITION

AF371416

RICH DAD.

অপরকে যারা সাহায্য করতে চায় তাদের জন্য

রবার্ট টি কিয়োসাকি

মঞ্জুল পাবলিশিং হাউজ

This publication is designed to provide competent and reliable information regarding the subject matter covered. However, it is sold with the understanding that the author and publisher are not engaged in rendering legal, financial, or other professional advice. Laws and practices often vary from country to country, and if legal or other expert assistance is required, the services of a professional should be sought. The author and publisher specifically disclaim any liability that is incurred from the use or application of the contents of this book.

This edition published by arrangement with Rich Dad Operating Company, LLC.

visit our Website at www.richdad.com

First published in India by

Manjul Publishing House

Corporate and Editorial Office
• 2nd Floor, Usha Preet Complex, 42 Malviya Nagar, Bhopal 462 003 - India
Sales and Marketing Office
• C-16, Sector 3, Noida, Uttar Pradesh 201301 - India
Website: www.manjulindia.com

Distribution Centres
Ahmedabad, Bengaluru, Bhopal, Kolkata, Chennai,
Hyderabad, Mumbai, New Delhi, Pune

Bengali translation of *The Business School For People Who Like Helping People*
by *Robert T. Kiyosaki*

This edition first published in 2003
Twelfth impression 2022

ISBN   978-81-86775-35-6

Designed by Imagesupport.com.IIc Scottsdale, Arizona

Printed and bound in India by Repro India Limited.

বিজনেস স্কুল
অপরকে যারা সাহায্য করতে চায় তাদের জন্য

ভূমিকা

রবার্ট কিয়োসাকি, *রিচ ড্যাড, পুওর ড্যাড, রিচ ড্যাডস ক্যাশফ্লো কোয়াড্রান্ট, রিচ ড্যাডস্ গাইড টু ইনভেস্টিং* এবং *রিচ কিড স্মার্ট কিড*-এর মত খ্যাতনামা বইয়ের লেখক এবং অর্থের বিষয়ে এক বিশ্ববিখ্যাত বক্তা ও শিক্ষক। ওয়াল স্ট্রীট জার্নাল-এর একটি রিপোর্টে জে.পি. মগ্যান ঘোষণা করেন 'কোটিপতিদের অবশ্যই *রিচ ড্যাড পুওর ড্যাড* পড়া উচিত' এবং *রিচ ড্যাড পুওর ড্যাড*-এর ব্যাপারে *ইউ.এস.এ. টুডে*-র মন্তব্য--'নিজের আর্থিক ভবিষ্যত যিনি নিয়ন্ত্রণে আনতে ইচ্ছুক, তার এখান থেকে শুরু করা উচিত।'

রবার্ট প্রায়ই বলেন, 'টাকা রোজগারের জন্য কঠোর পরিশ্রম করতে শেখার উদ্দেশ্যে আমরা স্কুলে যাই। আমি যে বইগুলি লিখি ও জিনিসপত্র তৈরি করি তা লোকেদের শেখায় --- কিভাবে টাকাকে দিয়ে পরিশ্রম করাতে হয় ...... যাতে তারা এই সুন্দর পৃথিবীর বিলাসের দ্রব্যগুলি উপভোগ করতে পারেন।' রবার্টের বই ও অর্থসংক্রান্ত বোর্ড গেম *ক্যাশফ্লো ১০১, ২০২* এবং *ক্যাশফ্লো ফর কিডস্* খুবই সাফল্য লাভ করেছে। রিচ ড্যাড পুওর ড্যাড এখন ৩৫ টিরও বেশি ভাষায় পাওয়া যায়। রবার্টের মতে, এই কৃতিত্বের জন্য আংশিকভাবে দায়ী নেটওয়ার্ক মার্কেটিং ইণ্ডাস্ট্রি। "যদিও নেটওয়ার্ক মার্কেটিং ইণ্ডাস্ট্রি আমাদের লক্ষ্যবস্তু ছিল না, এরা অবিশ্বাস্য রকমের সাহায্য করেছে এবং 'মানুষের নিজের আর্থিক ভবিষ্যত নিয়ন্ত্রণে আনা প্রয়োজন'--আমাদের এই বক্তব্যটির সম্পূর্ণ সমর্থন করেছে।"

যদিও রবার্ট নিজে বিশেষ কোনো একটি নেটওয়ার্ক মার্কেটিং সংগঠনের সমর্থন করেন না, তবে এই ইণ্ডাস্ট্রি যে সুযোগ-সুবিধা প্রদান করে তার যথার্থ মূল্য উপলব্ধি করেন এবং এই পুস্তিকা *'দ্য বিজনেস স্কুল ফর পিপল্ হু লাইক হেল্পিং পিপল'* (বিজনেস স্কুল, অপরকে যারা সাহায্য করতে চায় তাদের জন্য)-এ সেই উপযোগিতাগুলির প্রতি আলোকপাত করেছেন।

‘ধনী হয়ে ওঠা এমন সহজ আগে কখনই ছিল না,’ বলেন রবার্ট। ‘একটি সফল ব্যবসা গড়ে তুলতে যে জ্ঞান ও অভিজ্ঞতার প্রয়োজন তা আয়ত্ত করতে আমার ৩০ বছরেরও বেশি সময় লেগেছে, ব্যবসায় দু'বার অসফলতার সম্মুখীন হতে হয়েছে। যারা নিজের আর্থিক ভবিষ্যত নিয়ন্ত্রণে আনতে চায় তাদের সকলের জন্য নেটওয়ার্ক মার্কেটিং ইণ্ডাস্ট্রি প্রস্তুত করে এক রেডিমেড ব্যবসা পদ্ধতি।'

‘আমার ধনবান বাবা আমায় শিখিয়েছিলেন নেটওয়ার্ক ব্যবসা জগতের সবচেয়ে শক্তিশালী শব্দ। তিনি বলেন, ‘পৃথিবীর সবচেয়ে ধনী মানুষ নেটওয়ার্ক খোঁজে। নেটওয়ার্ক গড়ে তোলে; বাকিরা শুধুই কাজ খোঁজে। তোমার কাছে হয়ত সবচেয়ে সেরা আইডিয়া অথবা পণ্য আছে, তবে তা তখনই সফল হবে যদি সে ব্যাপারে জানানোর সঠিক নেটওয়ার্ক বা বিক্রি করার জন্য বিতরণের নেটওয়ার্ক থাকে।'

নেটওয়ার্ক মার্কেটিং ইণ্ডাস্ট্রির বেশ কয়েকটি সংগঠন আজকাল নিজেদের ‘নেটওয়ার্ক মার্কেটিং’ শব্দটি থেকে দূরে রাখতে চায়, কেননা তাদের মতে ঐ শব্দের প্রতিকূল অর্থ বোঝায়। অথচ রবার্ট ‘নেটওয়ার্ক’ শব্দটিকেই আর্থিক সাফল্যের মূলমন্ত্র বলে বিশ্বাস করেন।

রিচ ড্যাড ধারাবাহিকের দ্বিতীয় বই *রিচ ড্যাডস্ ক্যাশফ্লো কোয়াড্রান্ট*-এ রবার্ট চার প্রকারের মানুষের উল্লেখ করেছেন, যারা ব্যবসাজগত গড়ে তোলে, এদের মধ্যে মূল প্রভেদের বিষয়েও তিনি উল্লেখ করেছেন।

E অথবা ই-র অর্থ ‘এমপ্লয়ী’ বা কর্মচারি। S অথবা এস মানে ‘সেল্ফ এমপ্লয়েড’ বা ‘স্মল বিজনেস ওনার’ এর অর্থ স্বয়ং নিযুক্ত বা ছোট ব্যবসায়ী। B বা বি মানে ‘বিজনেস ওনার’ বা বড় ব্যবসাদার এবং I বা আই-এর অর্থ ইনভেস্টার বা বিনিয়োগকারী। বিভিন্ন মানুষের অর্থোপার্জনের উপায়ের প্রতীক এই চারটি কোয়াড্রান্ট বা চতুষ্ক।

পুরানো চিন্তাধারা আপনাকে বাঁ দিকের কোয়াড্রান্টের উপযুক্ত করে তোলায় প্রশিক্ষণ দেয়, আপনাকে কর্মচারি বা স্ব-নিযুক্ত ব্যক্তি করে ও অর্থ রোজগারের জন্য কিভাবে কঠোর পরিশ্রম করতে হয় তা শেখায়। রবার্ট কিয়োসাকির বইপত্র ও খেলাগুলি আপনাকে ডানদিকের কোয়াড্রান্টের ব্যাপারে প্রশিক্ষণ দেয়, আপনাকে করে তোলে ব্যবসার মালিক ও বিনিয়োগকর্তা অর্থাৎ ইনভেস্টার, যেখানে অর্থ আপনার জন্য কঠোর পরিশ্রম করে। যেহেতু নেটওয়ার্ক মার্কেটিং ইণ্ডাস্ট্রি কোয়াড্রান্টের ডানদিকের 'বি' ব্যবসা গড়ে তোলায় সহায়ক হয় তাই রবার্ট এই ইণ্ডাস্ট্রিকে সমর্থন করেন।

কোয়াড্রান্টের পুনরীক্ষণ করে রবার্ট জানান, কোয়াড্রান্টের বাঁ দিকে কর্মচারী ও স্ব-নিযুক্ত ব্যবসায়ীরা একক ব্যক্তি হিসাবে অর্থোপার্জন করেন। অর্থাৎ তাদের আয়ের ক্ষমতা তাদের নিজস্ব দক্ষতা ও কাজ করার সময়ের চৌহদ্দিতে সীমাবদ্ধ। একদিনে মাত্র কয়েক ঘণ্টা সময় রয়েছে। অথচ কোয়াড্রান্টের ডানদিকের সফল মানুষগুলি দলবদ্ধভাবে কাজ করেন। এরা নিজেদের সাফল্যের নেটওয়ার্ক গড়ে তোলেন। এদের আয়ের ক্ষমতা অসীম, কারণ তা অন্য লোকের সময়ের উপর নির্ভরশীল, অন্যের অর্থ এদের জন্য কাজ করে।

'নেটওয়ার্ক' শব্দটি আরেকবার বিচার করে দেখা যাক। আপনার পরিচিত কয়েকটি সফল ব্যবসার কথা চিন্তা করে দেখুন, দেখবেন এদের সাফল্য নির্ভর করে গ্রাহক, বিক্রেতা, বিতরক ইত্যাদির নেটওয়ার্কের ওপর। আমরা দেশের টেলিভিশন স্টেশনগুলির নাম দিয়েছি টেলিভিশন নেটওয়ার্ক। ইন্টারনেটকেও নেটওয়ার্ক বলা হয়।

নেটওয়ার্ক অন্বেষণ করা বা নেটওয়ার্ক গড়ে তোলাই আপনার আর্থিক সাফল্যের চাবিকাঠি হতে পারে।

এই ব্যবসার পরামর্শ দিচ্ছেন কেন?

প্রায়ই আমাকে প্রশ্ন করা হয়, 'আপনি নিজে নেটওয়ার্ক মার্কেটিং ব্যবসার সাহায্যে ধনী হননি, অন্যদের এই ব্যবসা করতে বলছেন কেন?' নানা কারণে আমি এই ইণ্ডাস্ট্রিতে যোগদানের পরামর্শ দিই, এই পুস্তিকায় সেই কারণগুলির বিষয়ে বিস্তারিত ব্যাখ্যা করা হয়েছে।

আমার বদ্ধমূল ধারণা

সত্তর দশকের মাঝামাঝি সময়ে এক বন্ধু আমায় এক নতুন ব্যবসার প্রেসেন্টেশন অর্থাৎ প্রস্তুতিতে আমন্ত্রণ জানায়। যেহেতু আমি নিয়মিতভাবে ব্যবসা ও বিনিয়োগের সুযোগ সম্বন্ধে গবেষণা করছিলাম, তাই আমি এই মিটিং-এ যেতে রাজি হয়ে গেলাম। আমার আশ্চর্য লেগেছিল, এই ব্যবসায়িক মিটিংয়ের আয়োজন কোনো অফিসে না হয়ে একজনের বাড়িতে করা হয়েছিল, তা সত্ত্বেও আমি সেখানে যাই। ঐ মিটিং ছিল নেটওয়ার্ক মার্কেটিং জগতের সঙ্গে আমার প্রথম পরিচয়।

তিন-ঘণ্টাব্যাপী প্রেজেন্টেশন শেষ করে বেরিয়ে আসার পর আমার বন্ধু ঐ ব্যবসার সুযোগ-সুবিধা সম্বন্ধে আমার কি ধারণা তা জিজ্ঞাসা করেন। আমি উত্তর দিই, 'রোমাঞ্চকর, তবে আমার জন্য নয়।'

আমি কেন আগ্রহী না, বন্ধু আমাকে এই প্রশ্ন করায় উত্তর দিয়েছিলাম, 'ইতিমধ্যে আমি নিজের ব্যবসা গড়ে তুলছি। আমার অন্য কারুর সঙ্গে ব্যবসা করার দরকার কি?' তারপর বললাম, 'তাছাড়া, শুনেছি নেটওয়ার্ক ব্যবসাগুলি শুধুই পিরামিড প্রকল্প এবং বেআইনী।' বন্ধু আর কিছু বলার আগেই আমি হাঁটতে শুরু করি ও গাড়িতে চড়ে সেখান থেকে রওনা হয়ে যাই। আমার কয়েকটি বদ্ধমূল ধারণা ছিল, অন্য কিছু শোনার জন্য আমি প্রস্তুত ছিলাম না। বহু বছর বাদে আমার ঐ ধারণাগুলি বদলায় ..... যখন আমি শুনতে রাজি

হই, এই ইণ্ডাস্ট্রির ব্যাপারে নিজের ধারণাগুলি বদলাতে রাজি হই।

আমার জীবনের সেই সময়টায়, সত্তর দশকের মাঝামাঝি আমি আমার প্রথম আন্তর্জাতিক ব্যবসা প্রতিষ্ঠিত করছিলাম। তাই দিনের বেলার চাকরি বজায় রেখে বাকি সময়টায় ব্যবসা প্রতিষ্ঠিত করায় খুব ব্যস্ত ছিলাম। আমার ব্যবসা ছিল উৎপাদন ও বিপণনের, যা কেন্দ্রীভূত ছিল প্রথম নাইলন ও ভেলক্রোর সার্ফার ওয়ালেট বাজারে উপস্থাপিত করায়। প্রথম নেটওয়ার্ক মার্কেটিং মিটিং-এর কিছুদিনের মধ্যেই আমার স্পোর্টস্ ওয়ালেটের ব্যবসা হঠাৎ শ্রীবৃদ্ধি করে। ক্রমশ দু'বছরের কঠোর পরিশ্রমের পরিণাম দেখতে পেলাম। আমার দুই অংশীদার এবং আমার ওপর সাফল্য, সুনাম ও সৌভাগ্যের বর্ষণ শুরু হয়। আমাদের লক্ষ্য ছিল ত্রিশ বছর বয়স হওয়ার আগেই আমরা মিলিয়নেয়ার হব, সে স্বপ্নও বাস্তবায়িত হল, তাছাড়া সত্তর দশকে এক মিলিয়নের অনেক মূল্য ছিল। *সার্ফার, রাণার্স ওয়ার্ল্ড* এবং *জেণ্টলম্যানস্ কোয়ার্টারলির* মত পত্রিকায় আমার কোম্পানি ও পণ্যগুলির বিষয়ে উল্লেখ করা হচ্ছিল। খেলাধুলার সরঞ্জামের জগতে আমরা ছিলাম লোভনীয় নতুন পণ্যসম্ভার এবং পৃথিবীর সব প্রান্ত থেকে ব্যবসা উপচে পড়ছিল। আমার প্রথম আন্তর্জাতিক ব্যবসা তখন দ্রুত এগিয়ে চলেছে। আগামী পনেরো বছরে আমি নেটওয়ার্ক মার্কেটিং ইণ্ডাস্ট্রির কথা চিন্তাই করিনি।

মনোভাবে পরিবর্তন

নব্বইয়ের দশকের প্রথমদিকের কথা, আমার এক বন্ধু, যার অর্থ-সংক্রান্ত বোধবুদ্ধি ও ব্যবসায়িক সাফল্যকে আমি অত্যন্ত শ্রদ্ধা করি, আমাকে জানাল যে সে নেটওয়ার্ক মার্কেটিং করছে। ভূ-সম্পত্তিতে বিনিয়োগ অর্থাৎ রিয়াল এস্টেট ইনভেস্টমেন্টে বিল প্রচুর অর্থ উপার্জন করে বিত্তবান হয়েছে তাই, শুনে অবাক হলাম যে, সে নেটওয়ার্ক মার্কেটিং করছে। উৎসুক হয়ে প্রশ্ন করলাম, 'তুমি এই ব্যবসা করছ কেন? তোমার তো আর টাকাকড়ির তেমন প্রয়োজন নেই, তাই না?'

জোরে হেসে বিল জবাব দিল, 'তুমি তো জানোই আমি অর্থোপার্জন করতে ভালবাসি, তবে টাকার প্রয়োজনে আমি এই ব্যবসা করছি না। আমার আর্থিক অবস্থা খুবই সচ্ছল।'

আমি জানতাম গত দু'বছরে বিল এক বিলিয়ন ডলারের বেশি মূল্যের একটি বাণিজ্যিক ভূ-সম্পত্তি প্রকল্প সম্পূর্ণ করেছে, সুতরাং সে যে সচ্ছল তা ভালোমত জানতাম। তা সত্ত্বেও ওর অস্পষ্ট উত্তরে আমি আরও উৎসুক হয়ে উঠি, আরও প্রশ্ন করি, 'তাহলে কেন নেটওয়ার্ক মার্কেটিং ব্যবসা করছ?'

'এর নাম — কনজিউমার ডিস্ট্রিবিউশন বিজনেস', ও উত্তর দেয়। 'আমরা এখন একে আর নেটওয়ার্ক মার্কেটিং বলি না।'

'সে যাই হোক,' আমি বললাম, 'যাই বলো না কেন, এত লোক থাকতে তুমিই বা কেন এই ব্যবসা করছ?'

অনেকক্ষণ চিন্তা করে বিল তার মন্থর টেক্সাস স্টাইলে বলতে শুরু করে, 'বহু বছর যাবৎ লোকেরা আমার কাছ থেকে রিয়্যাল এস্টেটে ইনভেস্ট করার টিপস্ চাইছে। এরা সকলেই জানতে চায় রিয়্যাল এস্টেটে বিনিয়োগ করে কিভাবে বিত্তবান হয়ে ওঠা যায়। অনেকে আবার জানতে চায় তারা আমার সঙ্গে ইনভেস্ট করতে পারবে কি না, অথবা কোনোরকম অর্থ ছাড়াই কিভাবে রিয়্যাল এস্টেট পাওয়া যায়।'

সম্মতিসূচক মাথা নেড়ে বললাম, 'আমাকেও এরকম প্রশ্ন করা হয়।'

'সমস্যাটা হল ......' বিল বলতে থাকে, 'বেশির ভাগ লোক আমার সঙ্গে ইনভেস্ট করতে পারে না, কারণ এই ইনভেস্টমেন্টের উপযুক্ত হওয়ার মত যথেষ্ট আর্থিক সংস্থান এদের কাছে নেই। আর টাকাকড়ি ছাড়া ব্যবসার অভিপ্রায়ের অর্থ, এদের কাছে টাকাকড়িই নেই। হয় আমার ব্যবসায় যোগ দেওয়ার মত যথেষ্ট অর্থ তাদের কাছে নেই অথবা অর্থ বিনিয়োগের মত টাকাই নেই তাদের কাছে।'

'তুমি বলতে চাও তাদের কাছে একেবারেই টাকাকড়ি নেই, যদিও-বা থাকে, যাতে তুমি তাদের সাহায্য করতে পারো তেমন সম্বল তাদের নেই? তোমার ব্যবসায় ইনভেস্টমেন্টের মত ধনী তারা নয়।' আমি জিজ্ঞাসা করি।

বিল সম্মতি জানায়। 'তাছাড়া তাদের কাছে সামান্য টাকাকড়ি থাকলেও তা তাদের সারা জীবনের সঞ্চয়, সেই টাকা তারা হারাতে চায় না। আর তুমি ও আমি আমরা দুজনেই জানি, যে হারাতে ভয় পায় সে প্রায়ই হারায়।'

বিলের সঙ্গে আরও কয়েক মিনিট কথাবার্তা হয়, তবে সেদিন আমাকে শিগগির এয়ারপোর্টের জন্য রওনা হতে হয়। তখনও আমি নিশ্চিতভাবে বুঝতে পারছিলাম না ও কেন নেটওয়ার্ক মার্কেটিং ব্যবসা করছে, তবে আমার মনের জানালাগুলি ধীরে ধীরে খুলতে আরম্ভ করেছিল। ও কেন নেটওয়ার্ক মার্কেটিং ব্যবসা, অথবা ওর ভাষায়, কনজিউমার ডিস্ট্রিবিউশন ব্যবসা করছে, তা জানার ইচ্ছেটা আরও প্রবল হয়ে ওঠে।

পরবর্তী কয়েক মাস যাবৎ বিলের সঙ্গে আমার কথাবার্তা চলতে থাকে। ধীরে ধীরে আমি বুঝতে পারি ওর এই ব্যবসার উদ্দেশ্য কি। ওর প্রধান উদ্দেশ্য ছিল ঃ–

১. সে অন্যদের সাহায্য করতে চায় – এটাই ছিল তার এই ব্যবসার প্রধান কারণ। ধনী হওয়া সত্ত্বেও সে লোভী বা অহঙ্কারী ছিল না।

২. সে নিজেকে সাহায্য করতে চায় – 'আমার সঙ্গে ইনভেস্ট করতে হলে তোমাকেও ধনী হয়ে উঠতে হবে। আমি বুঝতে পারি যে যদি আরও বেশি লোকেদের ধনী হয়ে ওঠায় সাহায্য করতে পারি, আমি আরও বেশিসংখ্যক ইনভেস্টার পাবো।' বিল বলতে থাকে,

'বিস্ময়কর ব্যাপারটা হল, আমি যত বেশি লোককে ব্যবসা করা, ধনী হয়ে ওঠায় সাহায্য করব, আমার নিজের ব্যবসাও ততই বৃদ্ধি পাবে ...... আমি আরও ধনী হয়ে উঠব। এখন আমার কনজিউমার ডিস্ট্রিবিউশন ব্যবসা আরও সমৃদ্ধ হয়ে উঠেছে, আমার ইনভেস্টার বৃদ্ধি পেয়েছে এবং আমার কাছে বিনিয়োগের জন্য আগের চেয়ে এখন অনেক বেশি অর্থ আছে। সবদিক দিয়েই আমার জিত হয়েছে। তাই গত কয়েক বছরে আমি আরও বড় বড় রিয়্যাল এস্টেট প্রজেক্টে ইনভেস্ট করতে শুরু করেছি। তুমি তো জানোই, ছোটখাটো রিয়্যাল এস্টেট ব্যবসা করে সত্যিকার বড়লোক হয়ে ওঠা খুব কঠিন। অসম্ভব নয়, তবে যথেষ্ট অর্থ না থাকলে যে রিয়্যাল এস্টেটের কাজ হাতে পাবে তা ধনীরা চায় না।'

৩. সে শিখতে ও শেখাতে ভালবাসে —'যারা শিখতে আগ্রহী, আমি তাদের সঙ্গে কাজ করতে ভালবাসি। যারা মনে করে সবকিছু জানা হয়ে গিয়েছে এমন লোকেদের সঙ্গে কাজ করতে ক্লান্ত লাগে, তবে রিয়্যাল এস্টেট ইনভেস্টমেন্টের জগতে আমাকে এমন অনেক লোকের সঙ্গে কাজ করতে হয়। যে সব প্রশ্নের উত্তর জেনে বসে আছে তার সঙ্গে কাজ করা কঠিন। আমার মনে হয়, যারা নেটওয়ার্ক মার্কেটিং-এ যোগ দেয়, তারা সকলেই নিত্যনতুন উত্তর খুঁজছে, তারা শেখার জন্য প্রস্তুত। যারা অবিরাম শিক্ষালাভের ব্যাপারে প্রকৃত উৎসাহী, আমি তাদের শেখানো, তাদের কাছ থেকে শেখা ও তাদের সঙ্গে নতুন ধ্যান-ধারণার আদান-প্রদান করা পছন্দ করি। তুমি তো জানো, আমার অ্যাকাউন্টিং-এর ডিগ্রী রয়েছে, ফিন্যান্সে আমি এম.বি.এ. করেছি। আমি যা জানি এই ব্যবসার মাধ্যমে তা অন্যদের শেখানোর সুযোগ পাই, আবার অন্য সকলের সঙ্গে নিজেও ক্রমাগত শেখার সুযোগ পাই। বিভিন্ন পটভূমি থেকে কতরকমের স্মার্ট সুশিক্ষিত মানুষ যে এই ব্যবসা করছে শুনলে তুমি অবাক হয়ে যাবে। আবার এখানে এমন লোকও আছে যাদের পুঁথিগত বিদ্যা নেই, যেহেতু এই জগতে চাকরির নিরাপত্তা ক্রমশ ম্রিয়মান, নিজেদের আর্থিক নিরাপত্তার প্রয়োজন মেটানোর জন্য এরা শিখতে চায়, তাই এই ব্যবসায় প্রবেশ করেছে। আমরা এতদিন যাবৎ জীবন থেকে যে অভিজ্ঞতা অর্জন করেছি এবং এখন যা শিখছি সেসব চিন্তা-ভাবনার আদান-প্রদান করি। আমি শেখাতে ভালবাসি, শিখতে ভালবাসি, তাই এই ব্যবসা আমার প্রিয়। এটা একটা দারুণ ব্যবসা। বাস্তবজীবনের এক অভিনব বিজনেস স্কুল।'

উন্মুক্ত মন

নব্বইয়ের দশকের প্রথমদিকে এক সময় আমার মনের জানালাও খুলতে শুরু করল, এই ইণ্ডাস্ট্রির ব্যাপারে আমার ধারণা বদলাতে আরম্ভ করল। আমার বন্ধ মন যা দেখতে পায়নি আজ উন্মুক্ত মন তা দেখতে পেল। এই ইণ্ডাস্ট্রির না-ধর্মী জিনিসগুলির পরিবর্তে হ্যাঁ-ধর্মী বিষয়গুলি আমি দেখতে পেলাম .... যদিও এই ইণ্ডাস্ট্রিতে না-ধর্মী দৃষ্টিভঙ্গির অভাব নেই।

তবে, সব জিনিসেরই কিছু মন্দ আছে বৈ কি।

১৯৯৪-এ অবসর গ্রহণের পর, ৪৭ বছর বয়সে আর্থিক মুক্তিপ্রাপ্ত আমি নেটওয়ার্ক মার্কেটিং ইণ্ডাস্ট্রির বিষয়ে নিজে গবেষণা শুরু করলাম। যখনই কেউ তার প্রেজেন্টেশনে আমাকে আমন্ত্রণ জানাতেন, আমি সাগ্রহে সেখানে গিয়ে উপস্থিত হতাম, শুধুমাত্র তার কথাগুলি শোনার জন্য। কারুর কোনো কথা পছন্দসই মনে হলে তেমন দু'একটি কোম্পানিতে যোগ দিতাম। তবে শুধুই আরও অর্থোপার্জনের জন্য আমি এতে যোগ দিইনি, প্রতিটি ব্যবসার ভালো ও মন্দ দু'টি দিক্ পুঙ্খানুপুঙ্খভাবে বিচার করাই আমার অংশগ্রহণের উদ্দেশ্য ছিল। মনটাকে বদ্ধমূল ধারণায় আবদ্ধ না রেখে আমি নিজেই নিজের প্রশ্নের উত্তর খুঁজতে চাই। বেশ কিছু ব্যবসায় আমিও অন্যান্য পাঁচজনের মত মন্দগুলি দেখতে পেলাম যেমন, বিচিত্র সব মানুষ এই ব্যবসায় যোগ দিয়ে ব্যবসার উন্নতি করতে চায়। এও সত্যি যে, বহু কল্পনাপ্রবণ মানুষ. প্রতারক, ধুরন্ধর, পরাজিত ও চট্‌জলদি ধনী হয়ে ওঠায় প্রত্যাশী মানুষ এই ব্যবসার প্রতি আকৃষ্ট হয়। নেটওয়ার্ক মার্কেটিং ব্যবসায় একটি বড় চ্যালেঞ্জ হল, এর 'ওপেন ডোর পলিসি' অর্থাৎ উন্মুক্ত দ্বার পন্থা, যে কেউ এতে যোগ দিতে পারে। অধিকাংশ সমাজতন্ত্রবাদীরা *যে ন্যায্য এবং সমান সুযোগের* দাবি করেন এই 'ওপেন ডোর পলিসি' তাদের সেই দাবির বাস্তব রূপায়ণ, তবে এই ব্যবসায় আমি তেমন কোনো নির্ভেজাল সমাজতন্ত্রীর মুখোমুখি হইনি। এই ব্যবসা পুঁজিবাদীদের জন্য, অথবা যারা পুঁজিবাদী হতে চায় তাদের জন্য।

অর্থ-প্রত্যাশী, প্রতারক ও ভাবুক মানুষগুলির ভিড় অতিক্রম করে শেষ পর্যন্ত ব্যবসার কয়েকজন মহারথীর সঙ্গে সাক্ষাৎ হল। যাদের সঙ্গে সাক্ষাতের সুযোগ পেলাম তারা ছিলেন আমার ব্যবসা জীবনের সবচেয়ে বুদ্ধিমান, হৃদয়বান, নিষ্ঠাবান, নৈতিক চরিত্রবান পেশাদার মানুষ। নিজের মনের প্রতিকূল ধারণাগুলি কাটিয়ে যখন এমন মানুষের সংস্পর্শে এলাম যাদের আমি শ্রদ্ধা করি, যাদের সঙ্গে আমার মতের মিল রয়েছে, তখন আমি ইণ্ডাস্ট্রির হৃদস্পন্দন খুঁজে পেলাম। আগে যা চোখে পড়েনি তা এখন স্পষ্টভাবে দেখতে পেলাম। ভালো-মন্দ দুই-ই আমার চোখে পড়ল।

তাই, আমাকে যখন প্রশ্ন করা হয় 'আপনি নেটওয়ার্ক মার্কেটিং ব্যবসা করে বড়লোক হননি, অন্যদের এতে যোগ দিতে বলছেন কেন?' সেই প্রশ্নের উত্তর দেওয়ার জন্যই এই বইটি লিখেছি। যেহেতু আমি নেটওয়ার্ক মার্কেটিং ব্যবসা করে ধনোপার্জন **করিনি** তাই আমি এই ইণ্ডাস্ট্রির ব্যাপারে বিষয়মুখী বিশ্লেষণ করতে পারি। নেটওয়ার্ক মার্কেটিং ব্যবসার **সত্যিকার মূল্য** ..... যে মূল্য শুধুই অর্থোপার্জনের ক্ষমতাকে অতিক্রম করে যায় ..... সে সব বিষয়ে এই পুস্তিকায় আলোচনা করা হয়েছে।

আমার ধনবান বাবা যেমন বলতেন, 'পৃথিবীর সবচেয়ে ধনী মানুষ নেটওয়ার্ক খোঁজে,

নেটওয়ার্ক গড়ে তোলে, বাকিরা শুধুই কাজ খোঁজে।'

নেটওয়ার্ক মার্কেটিং ব্যবসা সকলের জন্য **নয়**, তবে এখন এই ইণ্ডাস্ট্রি বিশ্বে এক শক্তিশালী আর্থিক ক্ষমতা হয়ে উঠছে। যাঁরা ভবিষ্যতে ব্যবসা করার কথা ভাবছেন এবং ব্যক্তিগত আর্থিক ভবিষ্যতের বিষয়ে চিন্তা-ভাবনা করছেন তাঁদের বিষয়মুখী হয়ে এই ইণ্ডাস্ট্রির বিষয়ে বিবেচনা করে দেখা উচিত।

উপযোগিতা #১ ঃ জীবন পরিবর্তক ব্যবসা-শিক্ষা

শুধু অর্থ নয়

আমি যখন বিভিন্ন নেটওয়ার্ক মার্কেটিং কোম্পানির বিষয়ে গবেষণা করতাম একটি মন্তব্য প্রায়ই শুনতে হত —'আমাদের কাছে সবচেয়ে সেরা কমপেনসেশন প্ল্যান আছে।' নিজেদের ব্যবসার সুযোগ-সুবিধা সম্বন্ধে জানাতে উদ্‌গ্রীব এরা আমায় এমন অনেক মানুষের গল্প শোনাতেন যাঁরা এই ব্যবসা করে মাসে মাসে কয়েক লক্ষ ডলার রোজগার করেন। আমি নিজেও এমন অনেকের সংস্পর্শে এসেছি যাঁরা নেটওয়ার্ক মার্কেটিং ব্যবসা করে মাসে কয়েক লক্ষ ডলার উপার্জন করেন ..... তাই নেটওয়ার্ক মার্কেটিং-এর বিপুল অর্থোপার্জনের ক্ষমতা সম্বন্ধে আমার মনে এতটুকু সন্দেহ নেই।

প্রচুর অর্থলাভের লোভ অনেককেই এই ব্যবসায় টেনে আনে। তা সত্ত্বেও শুধুমাত্র অর্থোপার্জনের জন্য আমি নেটওয়ার্ক মার্কেটিং ব্যবসার কথা বিবেচনা করার পরামর্শ দেব না।

শুধু পণ্য নয়

'আমাদের পণ্যদ্রব্য সর্বশ্রেষ্ঠ'। বিভিন্ন নেটওয়ার্ক মার্কেটিং ব্যবসা সম্বন্ধে খোঁজখবর নেওয়ার সময় আমাকে এই দ্বিতীয় গুণটির বিষয়ে বিশেষভাবে জানানো হয়েছে। নানা নেটওয়ার্ক মার্কেটিং ব্যবসা নিয়ে গবেষণা করতে গিয়ে জেনে অবাক হই যে, নেটওয়ার্ক মার্কেটিং ব্যবস্থার মাধ্যমে নানা ধরণের পণ্য বা সেবা উপস্থাপিত করা হচ্ছে।

সত্তর দশকে প্রথম যে নেটওয়ার্ক মার্কেটিং ব্যবসার সুযোগ সম্বন্ধে তদন্ত করি তারা বিক্রি করত ভিটামিন। আমি নিজে ব্যবহার করে দেখলাম ভিটামিনগুলি অসাধারণ। এখনও আমি তাদের কয়েকটি ভিটামিন ব্যবহার করি। তদন্ত করার সময় নেটওয়ার্ক মার্কেটিং ব্যবসায় মূলধারার এই পণ্যসম্ভারগুলি আমার চোখে পড়ে ঃ

১.   ব্যবহারযোগ্য, গৃহ পরিচর্যার পণ্য

২.   টেলিফোন ব্যবস্থা

৩.   রিয়্যাল এস্টেট অর্থাৎ ভূ-সম্পত্তি

৪.   ফিনানসিয়াল সার্ভিস অর্থাৎ অর্থ-সংক্রান্ত সেবা-ব্যবস্থা

৫.   ইন্টারনেট ওয়েবসাইট

৬.   ইন্টারনেট বাজারের বিতরণব্যবস্থা, ওয়াল-মার্ট এবং কে-মার্টে যেসব পণ্য বিক্রি হয় প্রায় সেসব কিছুই ছাড়সহ এখানে বিক্রি হয়

৭.   স্বাস্থ্য পরিচর্যার পণ্যসম্ভার

৮.   গহনা

৯.   কর-সংক্রান্ত সুবিধা-ব্যবস্থা

১০.   শিক্ষা-সংক্রান্ত খেলনা

তালিকাটি অন্তহীন। আমি মাসে অন্ততঃ এমন একটি নতুন নেটওয়ার্ক মার্কেটিং কোম্পানির বিষয়ে জানতে পারি যারা পণ্য বা ক্ষতিপূরণ পরিকল্পনায় নতুন কিছু উপস্থাপিত করছে। এদের মধ্যে কারুর পণ্য বা সেবায় আগ্রহী হ'লে আমি নিজেও এদের দলে যোগ দিই। তবে প্রধানত পণ্য বা ক্ষতিপূরণ পরিকল্পনার জন্য আমি লোকেদের বিভিন্ন নেটওয়ার্ক মার্কেটিং ব্যবসার সম্বন্ধে বিবেচনা করে দেখতে বলছি না।

এদের শিক্ষা পরিকল্পনা

আমার মতে, নেটওয়ার্ক মার্কেটিং ব্যবসার পরামর্শ দেওয়ার প্রধান কারণ হল এদের শিক্ষা পদ্ধতি। কোম্পানির পণ্য ও পারিশ্রমিক যাচাই নয়, যথেষ্ট সময় নিয়ে কোম্পানির প্রধান উদ্দেশ্যটি বিবেচনা করে দেখুন, এরা কি বাস্তবিকই আপনাকে প্রশিক্ষণ ও শিক্ষা দিতে ইচ্ছুক। তিন ঘণ্টা যাবৎ বিক্রির বিবরণ শোনা ও রংবেরং-এর পণ্যতালিকা দেখার চেয়ে এই কাজটি করতে অনেক বেশি সময় লাগে। এদের শিক্ষাব্যবস্থা সত্যি কতখানি কার্যকর তা জানার জন্য আপনাকে খানিকটা পরিশ্রম করতে হবে, এদের প্রশিক্ষণ ও শিক্ষা পদ্ধতি পুঙ্খানুপুঙ্খভাবে বিচার করে দেখতে হবে। যদি আপনার প্রথম প্রেজেন্টেশনটি পছন্দ হয় তাহলে যাঁরা শেখাচ্ছেন ও প্রশিক্ষণ দিচ্ছেন, তাদের সঙ্গে ব্যক্তিগতভাবে দেখা করুন! আমি তাই করেছি, যা পেলাম তা দেখে আমি মুগ্ধ।

অবশ্যই ভালোমত বিবেচনা করে দেখুন, কারণ অধিকাংশ নেটওয়ার্ক মার্কেটিং কোম্পানির মতে তাদের শিক্ষা পরিকল্পনা অসাধারণ। তবে আমি দেখেছি এরা যেমনটি দাবি করেন তেমন উন্নতমানের শিক্ষা ও প্রশিক্ষণ ব্যবস্থা অনেকের কাছেই নেই। আমি যে সব কোম্পানিগুলি দেখেছি তাদের মধ্যে বেশির ভাগ কোম্পানি প্রশিক্ষণে কতগুলি বইয়ের

তালিকার নির্দেশ দেয় এবং তারপর আপনার বন্ধু-বান্ধব ও আত্মীয়-স্বজনকে ব্যবসায় নিযুক্ত করার জন্য আপনাকে প্রশিক্ষণ দেয়। অর্থাৎ, শুধুই নিজেদের পণ্য বা সেবা-ব্যবস্থা বিক্রির জন্য এরা আপনাকে আরও ভালো সেলস্-পার্সন করে তোলার শিক্ষা দেয়। তাই সময় নিয়ে সাবধানে বিবেচনা করে দেখুন, এমন অনেক নেটওয়ার্ক মার্কেটিং কোম্পানি আছে যাদের শিক্ষা ও প্রশিক্ষণ পরিকল্পনা সত্যিই অসাধারণ ..... আমার মতে, যতগুলি বাস্তব জীবন-ভিত্তিক ব্যবসা প্রশিক্ষণ দেখেছি তার মধ্যে কয়েকটি সেরা প্রশিক্ষণ ব্যবস্থা এখানে খুঁজে পেয়েছি।

শিক্ষা পরিকল্পনায় কি খুঁজবেন

আপনি আমার অন্যান্য বই আগে পড়ে থাকলে নিশ্চয়ই জানেন যে আমাদের শিক্ষকদের পরিবার। আমার বাবা স্টেট অফ হাওয়াই-এ স্কুল ব্যবস্থার প্রধান ছিলেন। যদিও আমি শিক্ষক পরিবারের একজন, তা সত্ত্বেও আমি নিজে পুরাতন শিক্ষা-ব্যবস্থা পছন্দ করতাম না। যদিও আমি নিউইয়র্কের এক প্রখ্যাত ফেডেরাল মিলিটারি অ্যাকাডেমিতে কংগ্রেসন্যাল অ্যাপয়েন্টমেন্ট পাই অর্থাৎ কংগ্রেস দ্বারা নিযুক্ত হই এবং বিজ্ঞানে স্নাতকের ডিগ্রীপ্রাপ্ত কিন্তু পুরাতন শিক্ষাজগত আমার একঘেয়ে মনে হত। ছাত্রাবস্থা ও স্নাতকের পর্ব আমাকেও অতিক্রম করে আসতে হয় তবে আমি পড়াশোনায় কখনওই চ্যালেঞ্জ বা উৎসাহ উদ্দীপনা অনুভব করতাম না।

স্কুল পাশ করার পর আমি ইউ.এস মেরিন কোর্সে যোগ দিই এবং আমাকে ফ্লোরিডার পেন্সাকোলার ইউ.এস. নেভি ফ্লাইট প্রোগ্রামে অন্তর্ভুক্ত করা হয়। সেইসময় ভিয়েতনামে যুদ্ধ চলছিল, দ্রুত আরও বেশি পাইলট নিযুক্ত করার প্রয়োজন ছিল। ছাত্র পাইলট অবস্থায় যে শিক্ষালাভ করি তাতে আমি উৎসাহ উদ্দীপনা অনুভব করি। বহু ব্যবহৃত 'শুঁয়োপোকা থেকে প্রজাপতি হয়ে ওঠা'র উক্তিটি হয়ত সকলেই শুনেছেন। ফ্লাইট স্কুলে প্রকৃতপক্ষে তাই করা হয়। ফ্লাইট স্কুলে ভর্তি হওয়ার আগে অবশ্য আমি মিলিটারি অ্যাকাডেমি থেকে স্নাতক হয়ে একজন কমিশনপ্রাপ্ত অফিসার হয়ে গিয়েছিলাম। তবে অনেকেই অসামরিক কলেজ থেকে সরাসরি ফ্লাইট স্কুলে ভর্তি হয়েছিল, তাদের দেখে শুঁয়োপোকার কথাই মনে পড়ত। হিপি যুগের কথা, অসামরিক পোষাক পরিহিত বেশ কিছু বিচিত্র চেহারার ছাত্র-ছাত্রীদের দেখলাম *জীবন পরিবর্তনকারী শিক্ষাসূচি* আরম্ভ করার জন্য প্রস্তুত। দু-তিন বছরে প্রশিক্ষণ সম্পূর্ণ করতে পারলে এরা হয়ে উঠত প্রজাপতি অর্থাৎ বিশ্বের সবচেয়ে কঠিন প্লেন চালানোর জন্য প্রস্তুত সুদক্ষ পাইলট হয়ে উঠত এরা।

শুঁয়োপোকার প্রজাপতিতে রূপান্তরের সেরা গল্প টম্ ক্রুশ অভিনীত সিনেমা 'টপ গান'। ভিয়েতনামে যাওয়ার আগে ক্যালিফোর্নিয়ার স্যান ডিয়েগোতে আমার কার্যালয় ছিল, এখানেই 'টপ গান'-এর স্কুলটি অবস্থিত। আমি নিজে যদিও এই প্রথিতযশা স্কুলের যোগ্য

ছাত্র নির্বাচিত হয়ে উঠতে পারিনি তবে ঐ সিনেমায় তরুণ পাইলটরা যে প্রাণশক্তি ও আত্মপ্রত্যয় প্রদর্শন করেছিল, যুদ্ধের জন্য প্রস্তুত হওয়ার সময় আমরা সকলেই তা অনুভব করেছিলাম। আমরা ছিলাম একদল অবিন্যস্ত তরুণ, প্লেন চালাতে জানতাম না .... হয়ে উঠলাম প্রশিক্ষণপ্রাপ্ত তরুণ, সাধারণ মানুষ যে সব বাধা-বিপত্তি এড়িয়ে যায় সে সব চ্যালেঞ্জের সম্মুখীন হওয়ার জন্য প্রস্তুত হয়ে উঠলাম। আমার ও আমার সহ-পাইলটদের মধ্যে যে পরিবর্তন দেখলাম তাকেই 'জীবন পরিবর্তনকারী শিক্ষা' বলে উল্লেখ করছি। ফ্লাইট স্কুল সম্পূর্ণ করে যখন ভিয়েতনামের জন্য রওনা হই, তখন আমার জীবনে এসেছে আমূল পরিবর্তন। যে ছেলেটি ফ্লাইট স্কুলে ভর্তি হয়েছিল আমি যেন সে নই।

ফ্লাইট স্কুলের বহু বছর পরের কথা, আমার সঙ্গী পাইলটদের মধ্যে অনেকেই ব্যবসা জগতে প্রচুর সাফল্যলাভ করেছেন। একত্র হয়ে যখন আমরা সেই পুরোনো যুদ্ধের দিনগুলির গল্প করি, সকলেই একবাক্যে স্বীকার করি যে, আমাদের বর্তমান ব্যবসায়িক জীবনের সাফল্যে ফ্লাইট স্কুলের প্রশিক্ষণের অশেষ অবদান রয়েছে।

তাই যখন আমি *জীবন পরিবর্তনকারী শিক্ষার* কথা বলি তখন এমন শিক্ষার কথাই বোঝায় যা শুঁয়োপোকাকে একটি সুন্দর প্রজাপতি করে তোলার ক্ষমতা রাখে। যখন নেটওয়ার্ক মার্কেটিং ব্যবসার শিক্ষা পরিকল্পনা বিবেচনা করে দেখবেন, আমার মতে, এমন শিক্ষা পরিকল্পনা অন্বেষণ করবেন যা জীবনে বিশেষ পরিবর্তন আনার ক্ষমতা রাখে।

তবে আবার সতর্ক করে দিই, ফ্লাইট স্কুলের মতই, সকলেই এই কর্মসূচিতে সফল হতে পারেন না।

বাস্তবজীবনের বিজনেস স্কুল

ফ্লাইট স্কুলের একটি বৈশিষ্ট্য ছিল, যে সব পাইলট ভিয়েতনাম থেকে যুদ্ধ করে ফিরতেন তারাই আমাদের প্রশিক্ষণ দিতেন। যখন তারা আমাদের সঙ্গে কথা বলতেন, তারা নিজেদের জীবনের বাস্তব অভিজ্ঞতার গল্প শোনাতেন। এদিকে বিজনেস স্কুলের সমস্যাটা ছিল, যাঁরা আমাদের পড়াতেন তাঁদের মধ্যে অনেকেরই ব্যবসায় কোনো অভিজ্ঞতা ছিল না। নেটওয়ার্ক মার্কেটিং-এ যাঁরা শীর্ষস্থানীয় তারা বাস্তব জগতে সফল ব্যক্তি, তা না হলে তারা শীর্ষে পৌঁছাতে পারতেন না। পুরাতনী বিজনেস স্কুলের জগতে, ব্যবসায় শিক্ষাদানের জন্য বাস্তব ব্যবসাজগতে সফল হওয়া জরুরী নয়। সেইজন্যই বোধহয় নেটওয়ার্ক মার্কেটিং শিক্ষাজগতের নির্দেশকরা যে পরিমাণ অর্থোপার্জন করেন পুরাতন ব্যবসা-শিক্ষার জগতের শিক্ষকেরা ততখানি অর্থোপার্জন করতে পারেন না।

এই নেটওয়ার্ক মার্কেটিং ব্যবসা পুঙ্খানুপুঙ্খভাবে দেখার সময় যাঁরা শীর্যে রয়েছেন, যাঁরা ব্যবসায় সফল হয়েছেন তাঁদের খুঁজে বার করুন, তারপর নিজেকে প্রশ্ন করুন আপনি এঁদের কাছ থেকে কিছু শিখতে চান কি না।

নেটওয়ার্ক মার্কেটিং কোম্পানিগুলি বাস্তবজীবনের যে গুরুত্বপূর্ণ ব্যবসা বিষয়গুলি শেখায় তার মধ্যে কয়েকটি হল ঃ

১.   সাফল্যের মনোভাব

২.   নেতৃত্বের ক্ষমতা

৩.   সংযোগ স্থাপনের দক্ষতা

৪.   মানুষ পরিচালনায় দক্ষতা অর্থাৎ পিপল স্কিল

৫.   ব্যক্তিগত ভয়, দ্বিধা বা আত্মপ্রত্যয়ের অভাব অতিক্রম করা

৬.   বাতিল হওয়ার ভয় অতিক্রম করা

৭.   অর্থ পরিচালনার দক্ষতা

৮.   অর্থ বিনিয়োগের দক্ষতা

৯.   দায়িত্বশীল হওয়ার দক্ষতা

১০.   সময় সদ্ব্যবহারের দক্ষতা

১১.   লক্ষ্য নির্ণয়

১২.   নিয়মানুসার কাজ করা

নেটওয়ার্ক মার্কেটিং ব্যবসার যে সব সফল ব্যক্তিদের সঙ্গে আমার আলাপ হয় তারা সকলেই নেটওয়ার্ক মার্কেটিং প্রশিক্ষণ প্রোগ্রাম থেকে এই দক্ষতাগুলি অর্জন করে তা বিকাশ করেছেন। আপনি নেটওয়ার্ক মার্কেটিং ব্যবস্থার শীর্ষে পৌঁছাতে বা প্রচুর অর্থলাভ করতে যদি নাও পারেন, এই প্রশিক্ষণ আপনার বাকি জীবনের এক মূল্যবান প্রাপ্তি হবে। যদি শিক্ষা পরিকল্পনা সত্যি ভালো হয়, তাহলে তা আপনার জীবনে হয়ত চিরকালের মত উন্নতিসাধন করতে পারবে।

জীবন-পরিবর্তনকারী শিক্ষা কি?

জীবন পরিবর্তনকারী শিক্ষার ব্যাখ্যা করার জন্য আমি নিম্নোক্ত নকশাটি তৈরি করেছি। লক্ষ্য করবেন এটি একটি চতুষ্ক অর্থাৎ চারটে দিকবিশিষ্ট পিরামিডের মত ..... ঈজিপ্টের পিরামিড কয়েকশ' বছর যাবৎ টিকে আছে। অর্থাৎ ঐ পিরামিডের কাঠামো খুবই দৃঢ় ও অটল। যুগ যুগ ধরে বিদ্বান পণ্ডিত ব্যক্তিরা মনে করেন নিখিল সৃষ্টি অথবা বিশ্বপ্রকৃতি চারের ভিত্তিতে, এ ক্ষেত্রে চারটি দিকের ভিত্তিতে, কাজ করে। তাই ঋতু চার প্রকারের, শীত, বসন্ত, গ্রীষ্ম ও হেমন্ত। যাঁরা জ্যোতিষ-চর্চা করেন তাঁরা জানেন প্রধানত চারটি চিহ্ন বিদ্যমান, পৃথিবী, বায়ু, অগ্নি ও জল। আমি যে জীবন পরিবর্তনকারী শিক্ষার কথা বলছি সেখানেও কিন্তু এই চার সংখ্যাটি বিদ্যমান। অর্থাৎ জীবন পরিবর্তনকারী শিক্ষা তখনই কার্যকর হবে যখন তা লানিং অর্থাৎ শিক্ষা পিরামিডের চারটি প্রান্তকে প্রভাবিত করবে।

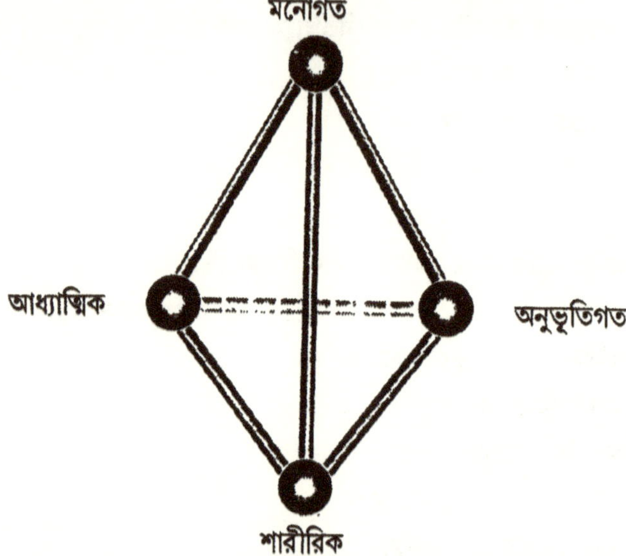

চিরাচরিত শিক্ষাপদ্ধতি প্রধানত মনোগত শিক্ষা ও বিকাশে কেন্দ্রীভূত। এরা আপনাকে পড়া, লেখা ও অঙ্ক করার গুরুত্বপূর্ণ দক্ষতাগুলি শেখায়। এগুলিকে *বোধগম্য ক্ষমতা* বলা চলে। শিক্ষার অনুভূতিগত, শারীরিক ও আধ্যাত্মিক দিকগুলিতে এই চিরাচরিত শিক্ষা পদ্ধতির যে প্রভাব পড়েছে তা আমার ব্যক্তিগতভাবে অপছন্দ। প্রতিটি বিষয়ে আলাদাভাবে আলোচনা করছি।

১. **অনুভূতিগত শিক্ষা** —— চিরাচরিত শিক্ষার বিরুদ্ধে আমার একটি অভিযোগ হল, এটি ভয়ের ভিত্তিতে গড়ে তোলা হয়েছে .... আরও বিশদভাবে বলতে গেলে এই শিক্ষার মূলে রয়েছে ভুলভ্রান্তির ভয়। যার ফলে মনে হেরে যাওয়ার ভয় সৃষ্টি হয়। শেখায় অনুপ্রাণিত না করে, শিক্ষক আমাকে প্ররোচিত করার জন্য, বিফল হওয়ার ভয়টাকে অস্ত্র হিসাবে ব্যবহার করতেন, যেমন 'ভালো নম্বর না পেলে, মোটা টাকার চাকরি পাবে না।'

আবার স্কুলে পড়াকালীন ভুল করলে শাস্তি দেওয়া হত। স্কুলে পড়ার সময় ভুল করার ভয়টা মনে গেঁথে যায়। অথচ বাস্তবজগতে যারা যত বেশী ভুল করেন ও শেখেন, তারা জীবনে তত বেশী অগ্রসর হয়।

আমার স্কুলশিক্ষক নির্ধন বাবা মনে করতেন, ভুল করা পাপ। এদিকে আমার ধনবান বাবা বলতেন, 'ভুল করে তবেই তো শেখা যায়। সাইকেলে চড়া শিখতে গেলে কতবার পড়ে গিয়ে আবার উঠে চেষ্টা করতে হয়, তবেই তো সাইকেল চালানো শেখা যায়,' উনি আরও বলতেন, 'ভুল করেও যদি কিছু শিখতে না পার তাহলে তা পাপ'। আরও ভালোমত বুঝিয়ে বলতেন, 'ভুল করলে অনেকেই মিথ্যে কথা বলে, কারণ তারা

মনে মনে নিজের ভুল স্বীকার করতে ভয় পায় ..... তাই তারা শেখা ও উন্নতি করার সুযোগগুলিও হারায়। ভুল স্বীকার করে আমরা শেখার সুযোগ পাই, ভুলের দোষটা অন্যের ওপর চাপিয়ে দিয়ে বা তা সমর্থন করে অথবা অজুহাত দেখিয়ে কিছু শেখা যায় না। ভুল করে যদি তা স্বীকার না কর, অথবা সেই ভুলের জন্য যদি অন্যকে দোষী সাব্যস্ত কর তাহলে তা পাপ'।

চিরাচরিত ব্যবসায় ভুলের প্রতি এরকমই ভাবনা পোষণ করা হয়। ব্যবসার জগতে ভুল করলে আপনাকে বরখাস্ত করে দেওয়া হয়। নেটওয়ার্ক মার্কেটিং জগতে ভুল করলে সেই ভুল থেকে শেখার ব্যাপারে আপনাকে উৎসাহ দেওয়া হয়, যাতে আপনি ভুল সংশোধন করতে পারেন, যাতে মানসিক ও অনুভূতিগত ভাবে আরও তৎপর হয়ে উঠতে পারেন। কর্পোরেট জগতে যখন আমি বিক্রি করা শিখছিলাম তখন দেখেছি, যারা উপযুক্ত পরিমাণ বিক্রি করায় অসফল হত তাদের চাকরি থেকে বরখাস্ত করে দেওয়া হত। নেটওয়ার্ক মার্কেটিং এর জগতে দলনেতা এমন লোকেদের সঙ্গে কাজ করতে চান যারা তেমন সফল নয়, এদের কাজ থেকে বরখাস্ত না করে দলনেতা এদের অগ্রসর হওয়ায় অনুপ্রাণিত করেন। যদি সাইকেল থেকে পড়ে যাওয়ার জন্য আপনাকে শাস্তি দেওয়া হত অথবা সাইকেল চালানোর বিদ্যায় আপনাকে 'ফেল' করানো হত তাহলে হয়ত কোনদিনই আপনার সাইকেল চালানো শেখা হত না।

আমার মনে হয়, অধিকাংশ মানুষের তুলনায় আর্থিকভাবে আমি বেশি সফল, কারণ আমি অন্যদের তুলনায় বেশি বিফল হয়েছি। মানে, যারা জেনেছিল যে ভুল করা অন্যায় বা ভুল করা বোকামি, তাদের তুলনায় আমি অনেক বেশি ভুল করেছি, তাই আজ আমি তাদের চেয়ে এগিয়ে আছি। নেটওয়ার্ক মার্কেটিং -এ আপনাকে ভুল করা, সংশোধন করা, শেখা ও উন্নতি করায় অনুপ্রাণিত করা হয়। আমার মতে, এটিই জীবন পরিবর্তনকারী শিক্ষা ..... যা চিরাচরিত শিক্ষা থেকে সম্পূর্ণ ভিন্ন।

যদি আপনি ভুল করতে ভয় পান, অসফল হতে ভয় পান তাহলে নেটওয়ার্ক মার্কেটিং ব্যবসা বিশেষভাবে আপনারই উপযুক্ত। আমি এমন অনেক নেটওয়ার্ক মার্কেটিং প্রশিক্ষণসূচি দেখেছি যা মানুষের আত্মবিশ্বাস গড়ে তোলে, আত্মপ্রত্যয় পুনঃপ্রতিষ্ঠিত করে .... একবার আত্মবিশ্বাস বৃদ্ধি পেলে আপনার জীবনও বদলে যাবে ..... চিরতরে।

২. **শারীরিক শিক্ষা** --- সহজ ভাষায় বলতে গেলে, যারা ভুল করতে ভয় পায় তারা যেহেতু জীবনে বিশেষ কিছু কাজ করে না তাই তারা কিছু শিখতেও পারে না। অনেকেই জানেন যে শিক্ষা মানসিক এবং শারীরিক পদ্ধতি। টেনিস খেলা শেখা যেমন শারীরিক পদ্ধতি, পড়া ও লেখাও শারীরিক পদ্ধতি। যদি আপনাকে এমনভাবে তৈরি করা হয় যে আপনি সব সঠিক উত্তর জানেন, কখনওই ভুল করেন না, তাহলে সম্ভবত

আপনার শিক্ষা পদ্ধতিতে বাধা পড়ছে। আপনি যদি সব উত্তর জানেন অথচ চেষ্টা করতে ভয় পান তাহলে কি ভাবে উন্নতি করবেন?

আমি যে ক'টা নেটওয়ার্ক মার্কেটিং কোম্পানির অধ্যয়ন করেছি তারা সবাই *মনোগত শিক্ষার* সঙ্গে *শারীরিক* শিক্ষাকেও সমান গুরুত্ব দিয়েছে। এরা আপনাকে বাইরে বেরিয়ে কাজ করতে, ভয়ের সম্মুখীন হতে উৎসাহিত করে তোলে, যাতে আপনি সেই ভুল থেকে কিছু শিখতে পারেন এবং মানসিক, অনুভূতিগত ও শারীরিক দৃষ্টিতে আরও বেশি বলশালী হয়ে উঠতে পারেন।

চিরাচরিত শিক্ষা আপনাকে তথ্যাদি শেখায় উৎসাহিত করে ও ভুল করলে ভয় পাওয়া শেখায়, ফলে শারীরিক দিক দিয়েও আপনি পিছিয়ে পড়েন। ভয়ের পরিবেশে বেঁচে থাকা মনোগত, অনুভূতিগত, শারীরিক বা আর্থিক দিক দিয়ে স্বাস্থ্যকর নয়। আগেও বলেছি, আমি বেশি বিত্তবান, কারণ আমি পুঁথিগত বিদ্যায় বিশারদ বলে না, আমি ধনবান কারণ অন্যের তুলনায় আমি বেশি ভুল করেছি, ভুল স্বীকার করেছি এবং ভুলগুলি থেকে শিখেছি। তারপর আবার ভুল করেছি ...... ভবিষ্যতেও আমি আরো ভুল করার জন্য প্রস্তুত ..... অবশ্য অনেকেই ভবিষ্যতে আর কোনো ভুল যাতে না হয় সেজন্য কঠোর পরিশ্রম করে চলেছে। ..... তাই বোধহয় আমাদের ভবিষ্যতও ভিন্ন। আপনি যদি নতুন কিছু করতে না চান, ভুল করার ঝুঁকি না নিতে চান, সেই ভুল থেকে কিছু শিখতে না চান, ভবিষ্যতে আপনার উন্নতি অসম্ভব।

সবচেয়ে সেরা নেটওয়ার্ক মার্কেটিং কোম্পানিগুলি তাদের লোকেদের নতুন কিছু শিখতে, কাজ করতে মানসিকভাবে প্রস্তুত করে, যাতে আপনি ভুল করে সেই ভুল সংশোধন করেন ও নতুন পদ্ধতি শেখেন। একেই বলে বাস্তবিক শিক্ষা।

যদি আপনি ভুল করতে ভয় পান তবে জানেন যে আপনার জীবনে পরিবর্তন প্রয়োজন, তাহলে একটি ভালো নেটওয়ার্ক মার্কেটিং প্রোগ্রাম আপনার জন্য সবচেয়ে সেরা দীর্ঘকালীন ব্যক্তিগত বিকাশের প্রোগ্রাম হতে পারে। একটি সেরা নেটওয়ার্ক মার্কেটিং কোম্পানি আপনার হাত ধরে ভয় ও অসফলতা অতিক্রম করে আপনাকে এগিয়ে নিয়ে যায়। আর যদি কারুর সাহায্য নেওয়া আপনার পছন্দ না হয়, তাহলে তারা আপনার হাত ধরবে না।

৩) **আধ্যাত্মিক শিক্ষা** —— প্রথমত, প্রায়শই বিতর্কিত ও আবেগজড়িত এই বিষয়টি সম্বন্ধে আলোচনা করার আগে আমার ব্যক্তিগত মতামত জানানো প্রয়োজন। বিশেষ কারণে ধর্মিক শব্দের পরিবর্তে আমি আধ্যাত্মিক শব্দটি ব্যবহার করেছি। ভালো নেটওয়ার্ক মার্কেটিং কোম্পানি ও মন্দ নেটাওয়ার্ক মার্কেটিং কোম্পানির মতই, আমার মতে, ভালো ধর্মসংস্থা ও মন্দ ধর্মসংস্থা আছে। আরো বিশেষভাবে বলতে গেলে, আমি লক্ষ্য

করেছি, কিছু ধর্মসংস্থা মানুষকে আধ্যাত্মিকভাবে আরো বলীয়ান করে তুলেছে, আবার এমন ধর্মসংস্থাও দেখেছি যা মানুষকে আধ্যাত্মিকভাবে দুর্বল করেছে।

তাই যখন আমি আধ্যাত্মিক শিক্ষার কথা আলোচনা করছি সেখানে ধর্ম-শিক্ষা থাকতে পারে, অথবা নাও থাকতে পারে। যখন আমি আধ্যাত্মিক শিক্ষার কথা বলছি, আমি কিন্তু সাম্প্রদায়িক আখ্যার ভিত্তিতে আলোচনা করছি না। ধর্মের ব্যাপারে আমি মার্কিন যুক্তরাষ্ট্রের সংবিধানের সমর্থক, যেখানে নিজের ধর্ম বেছে নেওয়ার স্বাধীনতা প্রদান করা হয়েছে।

এই বিষয়টি নিয়ে আলোচনা করার ব্যাপারে আমি অত্যন্ত সাবধানে কথা বলি, কারণ ছোটবেলা থেকেই আমাদের শেখানো হত, 'ধর্ম, রাজনীতি, লিঙ্গ ও অর্থ নিয়ে কখনও আলোচনা করবে না।' এবং এ ব্যাপারে আমি একমত, কারণ এই বিষয়গুলির অত্যন্ত উদ্দীপক ও আবেগজড়িত। আপনার ব্যক্তিগত অনুভূতি বা বিশ্বাসে কোনোরকম আঘাত করা আমার উদ্দেশ্য নয়। আমি আপনার অনুভূতি ও বিশ্বাসের অধিকারগুলিকে সম্পূর্ণ সমর্থন করি।

সীমা অতিক্রম করে

যখন আমি কারুর জীবনীশক্তির কথা উল্লেখ করি, সেই শক্তির কথা বলি যা আমাদের পরিস্থিতি .... আমাদের মানসিক, অনুভূতিগত ও শারীরিক সীমা অতিক্রম করে যায়।

ভিয়েতনামে থাকাকালীন এমন অনেক তরুণকে দেখেছি যারা আহত ছিল, যারা মৃত্যুমুখে ছিল এবং তা জানা সত্ত্বেও অপরকে বাঁচানোর জন্য অবিরাম যুদ্ধ করে গিয়েছে। আমার প্রাথমিক স্কুলের এক সহপাঠী যে ভিয়েতনামে থাকাকালীন অধিকাংশ সময় শত্রুপক্ষের বিরুদ্ধে যুদ্ধক্ষেত্রে কাটিয়েছে, একটি যথার্থ উক্তি করেছিল, 'আজ আমি বেঁচে আছি কারণ মৃত মানুষগুলি ক্রমাগত যুদ্ধ করে গেছেন। সে বলেছিল, যুদ্ধক্ষেত্রে দু-বার এমন হয় যে, একমাত্র আমি বেঁচে ফিরে আসি। যখন মনে হয় যে তোমাকে বাঁচিয়ে রাখার জন্য তোমার বন্ধুরা প্রাণ বিসর্জন দিয়েছি তখন সম্পূর্ণ জীবনের অর্থটাই যেন বদলে যায়।'

যুদ্ধের আগের রাত্রে অনেক সময় আমি প্লেনের কেরিয়ারে একা চুপচাপ বসে থাকতাম, নীচে ঢেউগুলো দেখা যেত। এই দীর্ঘ নিশ্চুপ মুহূর্তগুলিতে আমি আমার অন্তরের সঙ্গে একাত্মবোধ করতাম। জানতাম সকালে উঠে আবার মৃত্যুর মুখোমুখি দাঁড়াতে হবে। এই একান্ত নিরিবিলি বিকেলগুলিতেই একসময় উপলব্ধি করলাম —— পর দিন মৃত্যু তো সবচেয়ে সহজ পথ। অনুভব করলাম, বেঁচে থাকা মৃত্যুর চেয়ে শতগুণ কঠিন। একবার যখন নির্ভয়ে দুটি সম্ভাবনা জীবন অথবা মৃত্যু-র সম্মুখীন হলাম তখন সহজেই নির্ণয় করতে শিখলাম পরের দিন আমি কিভাবে বাঁচতে চাই। অর্থাৎ, আমি কি ভয়ে ভয়ে প্লেন চালাবো, নাকি নির্ভয়ে এগিয়ে যাবো? একবার মনকে দৃঢ়নিশ্চিত করে আমি নিজের জীবনীশক্তিকে

আহ্বান জানালাম, আগামী দিনের সম্মুখীন হওয়ার জন্য প্রস্তুত হলাম, পরিণাম যাই হোক আমার সম্পূর্ণ ক্ষমতা উজাড় করে প্লেন চালানো, যুদ্ধ করার জন্য প্রস্তুত হলাম।

যুদ্ধ এক বিভীষিকা। এখানে মানুষ মানুষের প্রতি ভয়াবহ অত্যাচার করে। অথচ, এই যুদ্ধেই আমি মানবিকতার শ্রেষ্ঠ উদাহরণ পেয়েছি। এই যুদ্ধে আমি মানুষের অপরিসীম শক্তির সন্ধান পেয়েছি যা তার সীমাকে অতিক্রম করে যায়। আর এই শক্তি আমাদের সকলের মধ্যে নিহিত আছে। আমি জানি আপনার মধ্যে তা আছে।

সুখবরটি হল, এই শক্তির সন্ধান পেতে আপনাকে যুদ্ধে যেতে হবে না। একবার প্রতিবন্ধী ছেলেমেয়েদের দৌড় প্রতিযোগিতা দেখতে গিয়ে আমি ওই জীবনীশক্তি প্রত্যক্ষ করি এবং তা আমায় স্পর্শ করে। যখন দেখি এদের মধ্যে কারুর পা নেই, নকল পা নিয়ে প্রাণপণ দৌড়ে চলেছে ১০০ গজ দূরত্ব সম্পূর্ণ করার জন্য, তাদের জীবনীশক্তি আমাকে অভিভূত করে। দেখেছিলাম একটি ছোট মেয়ে এক পায়ে প্রাণপণ দৌড়াচ্ছে, দেখে চোখে জল এসে গিয়েছিল। আমি দেখেছি নকল পায়ের সাহায্যে দৌড়ানোর দুঃসহ বেদনা তার মুখে ফুটে উঠেছিল, তা সত্ত্বেও ওর জীবনীশক্তির কাছে শারীরিক বেদনাকে হার মানতে হয়। যদিও সেদিন সে দৌড়ে জেতেনি, তবে আমার মন জয় করে নিয়েছিল। আমার জীবনীশক্তিকে স্পর্শ করেছিল। যা ভুলে গিয়েছিলাম তা আবার মনে করিয়ে দিল। সেই মুহূর্তে আমার যেন মনে হল এই তরুণরা যতটা নিজেদের জন্য দৌড়াচ্ছিল ততখানি যেন আমাদের জন্যও দৌড়াচ্ছিল। আমাদের ভেতরে যে বিপুল শক্তির সম্ভাবনা সঞ্চিত রয়েছে তা মনে করিয়ে দেওয়ার জন্য ওরা দৌড়াচ্ছিল।

সিনেমায় আমরা বহু মহামানবদের দেখতে পাই। ‘ব্রেভ হার্ট’ সিনেমায় মেল গিবসন ঘোড়ার পিঠে চড়ে তার ছন্নছাড়া স্কটিশ কৃষকদের নেতৃত্ব করে এগিয়ে চলেছে, সামনে পরাক্রমশালী ব্রিটিশ সেনানী দেখে তারা ভীত সন্ত্রস্ত, অথচ মেল গিবসন অন্তর থেকে গুরুগম্ভীর হুঙ্কার দিল, ‘এরা আমাদের শরীরকে শেষ করতে পারে, আমাদের স্বাধীনতা ছিনিয়ে নিতে পারবে না।’ সেই মুহূর্তে সে নিজের প্রাণশক্তি থেকে তাদের প্রাণশক্তিকে উদ্দেশ্য করে কথাগুলি বলছিল। তাদের প্রাণশক্তিকে স্পর্শ করেছিল, প্রশিক্ষণের অভাব ও অপেক্ষাকৃত নিকৃষ্ট অস্ত্রশস্ত্রবশত তাদের মনে যে ভয় ও দ্বিধা ছিল তার উপর জয়লাভ করতে পেরেছিল। পৃথিবীর সবচেয়ে শক্তিশালী সেনাদলকে পরাজিত করার জন্য সে তাদের প্রাণশক্তিকে জাগিয়ে তুলেছিল।

আমি লক্ষ্য করেছি নেটওয়ার্ক মার্কেটিং - এ সফল দলনেতাদের প্রশিক্ষণ দেওয়া হয়, যাতে তারা মানুষের প্রাণশক্তির সঙ্গে সংযোগস্থাপনের ক্ষমতা অর্জন করে। এদের এই ক্ষমতা অনুসরণকারীদের ভেতরকার শক্তিকে স্পর্শ করে ..... তাদের সীমা অতিক্রম করে অগ্রসর হওয়ায় অনুপ্রেরণা জোগায়। জীবন পরিবর্তনকারী শিক্ষার এমনই শক্তি।

লার্নিং পিরামিড-এর নক্সা দেখে বুঝতে পারবেন আবেগপ্রবণ হওয়া বা মানসিকভাবে

প্রভাবিত হওয়ার পরিবর্তে মানুষ প্রাণশক্তিতে প্রণোদিত হলে কি হয়।

মনে মনে যোগাযোগ

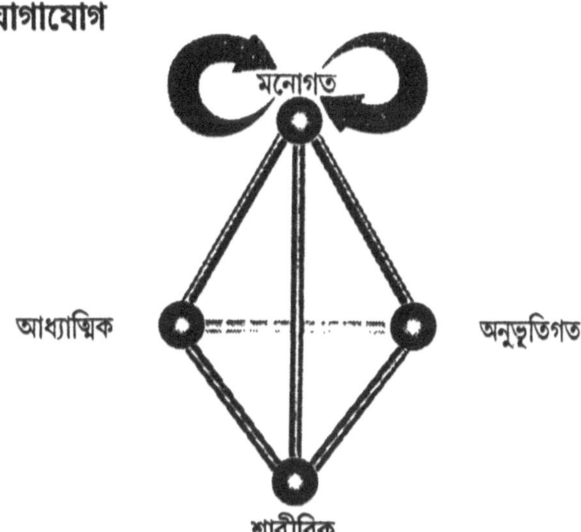

সাধারণত মনে মনে কিছু শিখলে বিশেষ কিছু অর্জন করা যায় না। আমরা অনেকেই বলি, 'আগামী সপ্তাহ থেকে আমার ওজন কম করা শুরু করব'। অথচ তারপর আমাদের ওজন বৃদ্ধি বজায় থাকে। অথবা বলি 'আগামী মাসে আমার বিক্রি বৃদ্ধি করব, বা আরো লোক নিযুক্ত করব', কিংবা 'পরের বেতনটা পেলে আমি টাকা জমানো শুরু করব'। কিছুই বদলায় না — কারণ এটা শুধু মনে মনে করা কাজ। বেশীর ভাগ ক্ষেত্রে সত্যিকার পরিবর্তনের জন্য চতুষ্কের চারটি বিষয়ের প্রয়োজন হয়।

অনুভূতি দ্বারা যোগাযোগ

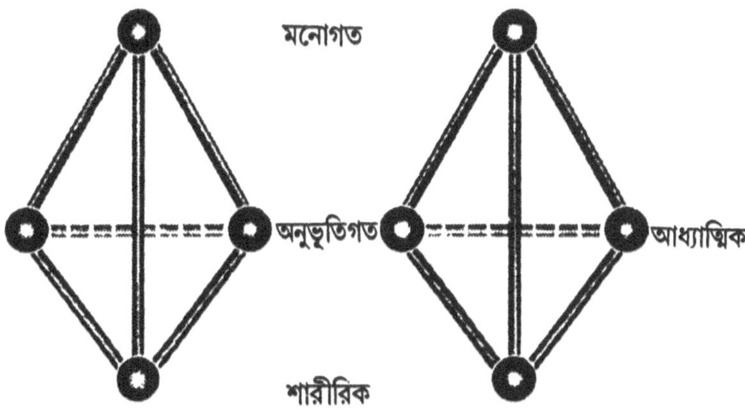

স্মর্তব্য : আবেগচালিত সংযোগস্থাপনকে অনুভূতিতাড়িত যোগাযোগও বলা হয়। অর্থাৎ শব্দের চেয়ে বেশি অনুভূতি দিয়ে যোগাযোগ করা। উদাহরণস্বরূপ, আমরা অনেকেই ঘরে ঢুকে হয়ত বুঝতে পেরেছি কেউ আমাদের ওপর রেগে রয়েছে অথচ সে হয়ত একটা কথাও বলেনি। আবেগচালিত যোগাযোগ স্থাপন অনেকটা দু'টি টিউনিং ফর্কের স্পন্দনের মত। যদি দুটি সমস্পন্দনের হয়, আপনি একটি টিউনিং ফর্কে আঘাত করুন, সেটা কাঁপতে শুরু করার কয়েক মুহূর্তের মধ্যে অন্য ফর্কটিও কাঁপতে শুরু করবে। অর্থাৎ, যখন আমরা মনে মনে ভীত সন্ত্রস্ত থাকি, প্রায়শই অন্যান্য ভীরু মানুষের প্রতি আকৃষ্ট হই অথবা এমন মানুষের প্রতি আকৃষ্ট হই যে অপরকে ভয় দেখায়। আমরা ছোটবেলায় প্রায়ই এ ধরণের কথা বলতাম, 'ঐ ছেলেটার সঙ্গে আমার মোটেই মনের মিল নেই।' আবেগতাড়িত বা অনুভূতিচালিত যোগাযোগের এটি একটি উদাহরণ।

উৎকৃষ্ট শিক্ষা পরিকল্পনাবিশিষ্ট নেটওয়ার্ক মার্কেটিং কোম্পানির কাছ থেকে প্রশিক্ষণ নেওয়ার একটি বড় লাভ হল এরা আপনার অনুভূতিগত সীমাগুলি অতিক্রম করে, আপনার প্রাণশক্তি প্রয়োগ করতে শেখায়।

শারীরিক উপায়ে যোগাযোগ

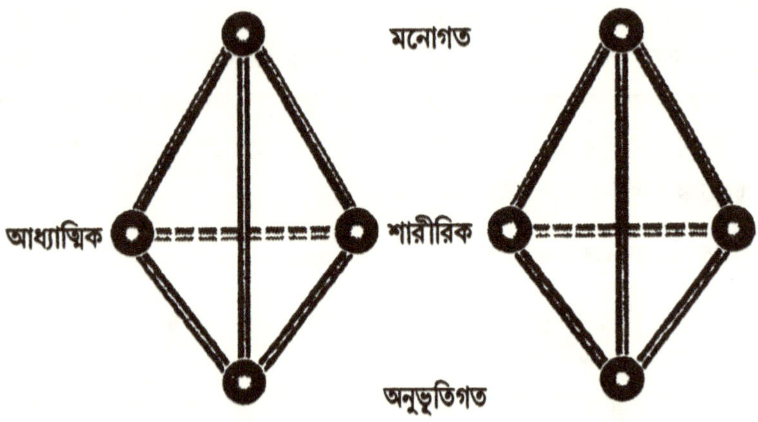

আমরা সকলেই এমন মানুষের সংস্পর্শে এসেছি যাদের প্রতি আমরা শারীরিক আকর্ষণ অনুভব করি। আবার এমন লোকও দেখেছি যাদের শুধুমাত্র চেহারার জন্য আমরা তাদের প্রতি বীতস্পৃহ বোধ করি। কারণ, প্রথম দর্শনে মানুষটি কেমন দেখতে, অর্থাৎ শারীরিক যোগাযোগ বা দৃষ্টি বিনিময় সংযোগস্থাপনের সবচেয়ে শক্তিশালী পদ্ধতি।

অধ্যয়নে জানা গিয়েছে দু'জন মানুষের যোগাযোগে আনুমানিক ঃ

১০% শব্দ

৩৫% অনুভূতি

৫০% দর্শন বা শারীরিক

৫%অন্যান্য বিষয় রয়েছে

অর্থাৎ আপনি কেমন দেখতে অথবা বিরক্তি প্রকাশ করছেন কি না, জবুথবু হয়ে আছেন বা অনুপযুক্ত পোষাক পরিহিত কিনা, আপনার যোগাযোগ স্থাপনের বা কথোপকথনের ক্ষমতায় এসবের প্রভাব পড়ে। এগুলি অবশ্য আনুমানিক সংখ্যা তবে সংযোগস্থাপনে উন্নতির জন্য এগুলি যথার্থ নির্দেশিকা।

বড় বড় নেটওয়ার্ক মার্কেটিং কোম্পানি মানুষের বাহ্য রূপের উন্নতি করায় প্রচুর সময় ব্যয় করে। একটি কোম্পানিতে তো ওজন হ্রাস ও ব্যায়ামের অনুষ্ঠানসূচি বেছে নেওয়ার সুযোগও দেওয়া হয়েছিল। দলনেতারা জানেন যে, অসুস্থ মানুষের তুলনায় সুস্থ সবল আকর্ষণীয় ব্যক্তি বেশি কার্যকরভাবে যোগাযোগ স্থাপন করতে পারে।

শারীরিকভাবে যোগাযোগ স্থাপনের বিষয়ে আরও দু'টি কথা বলব। প্রথমতঃ, আমরা এমন অনেকের সংস্পর্শে এসেছি যারা বহির্দৃষ্টিতে আকর্ষণীয় ব্যক্তিত্ব হলেও মনের দিক দিয়ে দুর্বল। আবার আমরা এমন মানুষও দেখেছি যারা প্রথম দৃষ্টিতে হয়ত আমাদের অপছন্দ ছিল, তবে পরে জানতে ও বুঝতে পারি যে, অন্তরে এরা এক একটি রত্ন। অর্থাৎ প্রথম প্রভাব ফেলার একটিমাত্র সুযোগ পাওয়া যায়, তাই শারীরিক যোগাযোগ অত্যন্ত গুরুত্বপূর্ণ।

দ্বিতীয় কথাটি হল, ব্যবসায় উন্নতির জন্য প্রায়ই লোকে আমার কাছে সাহায্য চায়। আমি যদি তাদের সাহায্য করতে রাজি হই, প্রথম যে প্রশ্নটি জিজ্ঞাসা করি তা হল 'আপনি কি নমনীয়, পরিবর্তন আনতে আগ্রহী?' যদি তারা সম্মতিসূচক 'হ্যাঁ' বলে তবেই আমি অগ্রসর হই, নতুবা নয়।

অধিকাংশ মানুষ উত্তরে 'হ্যাঁ' বলে, বলে 'আমরা পরিবর্তনের জন্য প্রস্তুত।' তারপর আমি নিজের সম্মতি জানাই, আরও কিছুক্ষণ অপেক্ষা করি, তাদের সম্মতির দৃঢ়তা যাচাই করি। কয়েক মাস আগে এক পরিচিত ভদ্রলোক তার ব্যবসায় লভ্যাংশ বৃদ্ধির জন্য আমার কাছে সাহায্য চায়। তাকেও আমি পরিবর্তনের ইচ্ছা সম্বন্ধে প্রশ্ন করি, সে সম্মতি জানায়। তৎক্ষণাৎ আমি বলি, 'তাহলে প্রথম পদক্ষেপ হিসাবে আপনার গোঁফ কামিয়ে ফেলুন।'

তক্ষুনি পেছপা হয়ে ঐ ভদ্রলোক বলেন, 'গোঁফ কামাতে আমি রাজি নই। সেই হাই-স্কুল থেকে এটা আমার সঙ্গী।' আলোচনা শেষ হয়, আমিও ওর ব্যবসায় উন্নতির জন্য কাজ করিনি। বিষয়টা গোঁফ নয়, বিষয়টা হল ওর পরিবর্তনের ইচ্ছা। ও গোঁফ রাখুক বা

না রাখুক তাতে কিছু যায় আসে না। আমি শুধু ওর পরিবর্তনের অভিপ্রায় যাচাই করে দেখছিলাম। তা ওর টাই বা জুতো বা শারীরিক যে কোনো জিনিস দিয়ে করতে পারতাম। অনেকেই হয়ত মানসিকভাবে পরিবর্তনের জন্য প্রস্তুত, যেমন ছিলেন আমার এই বন্ধু। তবে যে মুহূর্তে তাকে পরীক্ষা করার জন্য আমি শারীরিক পরিবর্তন আনতে বললাম, সে পিছিয়ে গেল। শেষ পর্যন্ত সব শিক্ষাই শারীরিক শিক্ষা হয়। যদি কোনো ব্যক্তি শারীরিক শিক্ষার জন্য প্রস্তুত না হয়, তাহলে তার দীর্ঘস্থায়ী শিক্ষালাভের সম্ভাবনা কমে যায়।

আমার ধনবান বাবা বলতেন, 'বেড়ার ওপর তিনটে বেড়াল বসে আছে, তার মধ্যে দুটো ভাবল লাফ দিই, ক'টা বাকি থাকে?'

উত্তর, 'বেড়ার ওপর তিনটে বেড়ালই থাকবে।' কারণ, লাফানোর কথা চিন্তা করা মানেই লাফ দেওয়া নয়। তাই আমার ধনবান বাবা বলতেন, 'আগামীকাল বছরের ব্যস্ততম দিন হবে।' অনেকেই জীবনে উন্নতির সিদ্ধান্ত অতি সহজেই নিয়ে নেয়, তারপর সব কাজই আগামী দিনগুলির জন্য স্থগিত রাখে।' আমার ধনবান বাবা আরও বলতেন, 'বেশির ভাগ মানুষের কাছে শেষ পর্যন্ত ঐ আগামী দিনগুলি থাকে না।' তাই পাঠটি হল অধিকাংশ মানুষ জীবনে পরিবর্তন চায় তবে সেই পরিবর্তন তখনই সম্ভব হবে যখন আপনি ক্রিয়াশীল হবেন ..... তাই শিক্ষার শারীরিক পদ্ধতিটি খুবই গুরুত্বপূর্ণ।

আমার সর্বশ্রেষ্ঠ শিক্ষালাভ

কলেজের পর ফ্লাইট স্কুলে প্রবেশ আমার জীবনের সর্বশ্রেষ্ঠ সিদ্ধান্তের একটি। প্লেন চালানো শেখা বা যুদ্ধের জন্য প্রস্তুত হওয়া গুরুত্বপূর্ণ ছিল না। গুরুত্বপূর্ণ বিষয়টি ছিল বাস্তব জীবনের জন্য নিজেকে প্রস্তুত করা। তখন আর আমি শিশু বা স্কুল-পড়ুয়া ছাত্র নই, সে সময় যে প্রশিক্ষণ পেলাম তা আমার জন্য জরুরী ছিল। সেটা ছিল জীবন পরিবর্তনকারী শিক্ষা যা মানসিক, অনুভূতিগত, শারীরিক ও আধ্যাত্মিক দৃষ্টিতে আমাকে বদলে দিয়েছিল। যুদ্ধ থেকে ফিরে আমি সে সব আর্থিক ও ব্যবসা-সংক্রান্ত সমস্যার সম্মুখীন হওয়ার জন্য প্রস্তুত ছিলাম যা বেশির ভাগ মানুষ মোকাবিলা করতে ভয় পায়।

যদি জীবনে পরিবর্তন আনার জন্য প্রস্তুত হয়ে থাকেন তাহলে কয়েকটি নেটওয়ার্ক মার্কেটিং কোম্পানির শিক্ষাসূচি দেখে নিন। সময় নিয়ে বিবেচনা করে দেখুন, যে ব্যবসা, পারিশ্রমিক, পণ্য ও শিক্ষার সুযোগ পাচ্ছেন তা আপনার জীবনের এই স্তরে প্রয়োজনীয় কি না। যদি মনে হয় যে কোম্পানিটি প্রতিটি ক্ষেত্রে আপনার প্রয়োজন পূরণ করছে, তাহলে ঐ কোম্পানির সঙ্গে খণ্ডকালীন ব্যবসা করার কথা বিবেচনা করে দেখুন।

বইয়ের বাকি অংশে আমি নেটওয়ার্ক মার্কেটিং কোম্পানিগুলিতে নিহিত অন্যান্য উপযোগিতার বিষয়ে আলোচনা করব।

উপযোগিতা #২ ঃ চাকরি বদলের পরিবর্তে .... কোয়াড্রান্ট বদলের উপযোগিতা

নিম্নোক্ত উক্তিগুলি কতবার লোকমুখে শুনেছেন?

১. 'যদি চাকরিটা ছাড়তে পারতাম।'

২. 'ক্রমাগত চাকরি বদল করে আমি পরিশ্রান্ত।'

৩. 'আমি আরও বেশি অর্থোপার্জন করতে চাই, তবে আমার সব কিছু ছেড়ে নতুন কাজ শুরু করার ক্ষমতা নেই। তাছাড়া আবার পড়াশোনা করে এখন জীবিকা উপার্জনের নতুন পন্থা শিখতে চাই না।'

৪. 'যখনই আমার আয়বৃদ্ধি হয়, সেই অতিরিক্ত অর্থ কর দিতে গিয়ে খরচ হয়ে যায়।'

৫. 'যদিও আমি খুব পরিশ্রম করি, শুধু কোম্পানির মালিকেরই ধনবৃদ্ধি হয়।'

৬. 'যদিও আমি খুব পরিশ্রম করি, তা সত্ত্বেও তেমন আর্থিক উন্নতি হয় না। এবার আমাকে অবসর নেওয়ার কথা ভেবে দেখতে হবে।'

৭. 'আমার ভয় হয় নতুন টেকনলজি বা অল্পবয়সী কর্মী আমায় আরও সেকেলে করে দেবে।'

৮. 'আমার পক্ষে আর পরিশ্রম করা সম্ভব নয়। বয়সটা তো বাড়ছে।'

৯. 'ডেন্টিস্ট হওয়ার জন্য আমি দাঁতের চিকিৎসাবিদ্যা শিখেছি, কিন্তু এখন আমার আর ডেন্টিস্ট থাকার ইচ্ছে নেই।'

১০. 'আমি অন্য কিছু করতে চাই, নতুন লোকজনের সঙ্গে মিশতে চাই। যাদের কোনোরকম উচ্চাকাঙ্ক্ষা নেই ও যারা জীবনে অগ্রসর হতে অক্ষম, তাদের সঙ্গে থেকে, সময় নষ্ট করে আমি ক্লান্ত হয়ে পড়েছি। যারা চাকরি হারানোর ভয়ে শুধু যতটুকু প্রয়োজন ততটুকু পরিশ্রম করে ..... এমন লোকেদের সঙ্গে সময় কাটিয়ে আমি পরিশ্রান্ত, যে সব কোম্পানি আমাদের চাকরি ছেড়ে চলে যাওয়া ঠেকিয়ে রাখার জন্য যতটুকু প্রয়োজন ঠিক ততটুকু পারিশ্রমিক দিচ্ছে....আমি তেমন কোম্পানির সঙ্গে কাজ করে

পরিশ্রান্ত।'

ক্যাশফ্লো কোয়াড্রান্টের একটি কোয়াড্রান্টে বন্দী মানুষের মুখে প্রায়ই এমন কথাবার্তা শুনবেন। যারা কোয়াড্রান্ট বদলের জন্য প্রস্তুত, সাধারণত তারাই এরকম কথা বলেন। হয়ত তাদের এগিয়ে যাওয়ার সময় উপস্থিত।

ক্যাশফ্লো কোয়াড্রান্ট কি?

রিচ ড্যাড গ্রন্থমালায় আমার দ্বিতীয় বইটির নাম *রিচ ড্যাডস্ ক্যাশফ্লো কোয়াড্রান্ট*। অনেকের মতে, এটি আমার সবচেয়ে গুরুত্বপূর্ণ বই, কারণ এটি জ্ঞানের ভাণ্ডার খুলে দেয়। এই বইটি এমন সকলের জন্য লিখেছি যারা জীবনে পরিবর্তন আনার জন্য প্রস্তুত ..... যে পরিবর্তন চাকরি বদলের নয়, তার চেয়ে অনেক বড়, অনেক ব্যাপক। আমার ধনবান বাবার ক্যাশফ্লো কোয়াড্রান্টের নকশা নিচে দেখুন।

E (ই) অর্থাৎ 'এমপ্লয়ি' বা কর্মচারি

S (এস) অর্থাৎ 'সেল্‌ফ এমপ্লয়েড' বা স্ব-নিযুক্ত বা ছোট ব্যবসাদার

B (বি) অর্থাৎ 'বিজনেস ওনার' বড় ব্যবসাদার

I (আই) অর্থাৎ 'ইনভেস্টার' বিনিয়োগকারী

আপনি কোন্‌ কোয়াড্রান্টভুক্ত তা জানার জন্য লক্ষ্য করুন, এর মধ্যে কোন্‌ কোয়াড্রান্ট থেকে আপনি অর্থোপার্জন করছেন। অর্থাৎ, যদি আপনি চাকরি করে অর্থোপার্জন করেন এবং এমন এক কোম্পানি বা ব্যবসা থেকে নিয়মিত অর্থলাভ করেন যা আপনার নিজস্ব কোম্পানি বা ব্যবসা নয়, তাহলে আপনি ই কোয়াড্রান্টভুক্ত। সেই ব্যক্তি দরোয়ান হতে পারে, প্রেসিডেন্ট হতে পারে, তবু সে একজন কর্মচারি। এরা মনে মনে ভাবেন বা বলেন,

'আমি সুবিধাসহ, নিরাপদ ঝঞ্ঝাটহীন চাকরি করতে চাই' অথবা 'ওভারটাইমে কত টাকা পাওয়া যায়?' কিংবা 'বেতনসহ ক'টা ছুটি পাওয়া যাবে?'

যদি আপনি কমিশনের ভিত্তিতে কাজ করেন বা ঘণ্টা হিসেবে কাজের পারিশ্রমিক নেন তাহলে হয়ত আপনি এস কোয়াড্রান্টভুক্ত। সরাসরি কমিশনপ্রাপ্ত বিক্রেতা যেমন রিয়াল এস্টেট এজেন্টরা এস কোয়াড্রান্টভুক্ত। এদের বলতে শোনা যায়, 'সাধারণত আমি মোট ক্রয়মূল্যের ৬% কমিশন পাই।' পেশাদার ডাক্তার বা উকিলও এস কোয়াড্রান্টভুক্ত। এদের মুখে শুনবেন 'আমি ঘণ্টায় $ ৫০ আয় করি।' অথবা হয়ত বলেন, 'এই কাজটির জন্য আমি $১০০০ পারিশ্রমিক নেব।' 'এস' কোয়াড্রান্টে রয়েছে অধিকাংশ ছোট ব্যবসায়ী যেমন রেস্তোঁরার মালিক, পারিবারিক ব্যবসার মালিক, উপদেষ্টা, সেবা প্রদানকারী, যেমন বাগান ও ঘরদোর পরিষ্কার পরিচ্ছন্ন রাখার ব্যবস্থাপক। সাধারণত শক্তসমর্থ মানুষ এরা, নিজেদের কাজ নিজেরাই করতে ভালবাসেন। এরা প্রায়ই উপদেশ দেয়, 'অপরের জন্য খাটবে না। নিজের জন্য কাজ কর।' বা 'যদি সঠিকভাবে কাজ করতে চাও, নিজে কর।'

যদি আপনি এমন কোনো ব্যবসা থেকে অর্থোপার্জন করেন যেখানে আপনাকে চাকরি করতে হয় না, তাহলে আপনার স্থান 'বি' কোয়াড্রান্টে। বিনিয়োগ অর্থাৎ ইনভেস্টমেন্ট থেকে আয় করলে আপনি 'আই' কোয়াড্রান্টভুক্ত। যদি কোনো কোম্পানি বা সরকারি অবসর পরিকল্পনা থেকে আপনি আয় করেন তাহলে সম্ভবত আপনি 'ই' কোয়াড্রান্ট থেকে উপার্জন করছেন। একাধিক কোয়াড্রান্ট থেকেও আয় করা সম্ভব। যেমন, আমি ও আমার স্ত্রী চারটে কোয়াড্রান্ট থেকেই অর্থোপার্জন করি .... তা সত্ত্বেও অধিকাংশ অর্থলাভ ইনভেস্টমেন্ট থেকে হয় ..... তাই আমাদের মতে আমরা 'আই' কোয়াড্রান্টভুক্ত।

বেশির ভাগ ক্ষেত্রে এই ব্যাখ্যাগুলি সহজ ও স্পষ্টভাবে বর্ণিত। যে দু'টি কোয়াড্রান্টে বিশৃঙ্খলার সম্ভাবনা রয়েছে তা হল এস এবং বি কোয়াড্রান্ট। আমাকে প্রায়ই প্রশ্ন করা হয়, 'স্ব-নিযুক্ত বা ছোট ব্যবসাদার এবং বি অথবা বড় ব্যবসাদারের মধ্যে তফাৎ কোথায়?' তফাৎটা বোঝানো খুবই সহজ।

আমি উত্তর দিই, 'বি অথবা বড় ব্যবসাদার এক বা একাধিক বছর যাবৎ ব্যবসা ছেড়ে চলে গিয়ে আবার যদি ফিরে আসেন তিনি দেখবেন তার ব্যবসা হয়ত আরও ভালো চলছে, আরও লাভ হচ্ছে। স্ব-নিযুক্ত বা ছোট ব্যবসাদার খুব বেশি সময় যাবৎ নিজের ব্যবসা থেকে দূরে থাকতে পারে না। অধিকাংশ ক্ষেত্রে, স্ব-নিযুক্ত বা ছোট ব্যবসাদার কাজ করা বন্ধ করে দিলে তার আয়ের পথও বন্ধ হয়ে যায়।'

তাছাড়া এস এবং বি কোয়াড্রান্টের মধ্যে সাধারণ কিছু পার্থক্যও আছে। যখন লোকে বলে, 'আমি চাকরি ছাড়ছি, এবার নিজের কাজ করব', এদের মধ্যে বেশির ভাগ লোক ই কোয়াড্রান্ট থেকে এস কোয়াড্রান্টে যায়, ই থেকে বি-তে নয়। দশটির মধ্যে নয়টি ছোট ব্যবসায়ীর অসফলতার প্রধান কারণ হল, এস কোয়াড্রান্টে প্রচুর পরিশ্রম করতে হয়।

আর্থিক ক্ষতি অথবা শারীরিক ক্লান্তি ...... কিংবা উভয় কারণেই বহু ছোট ব্যবসা অসফল হয়। এস কোয়াড্রান্টের ছোট ব্যবসাদারের উপর গ্রাহক, সরকার এবং কর্মচারির কাছ থেকেও চাপ পড়ে। একসঙ্গে এতগুলি লোক দাবি করলে স্বাভাবিকভাবেই উৎপাদন ক্ষমতায় প্রতিকূল প্রভাব পড়ে।

এস কোয়াড্রান্টের অর্থ সন্তুষ্টি বা স্যাটিসফ্যাকশনও হতে পারে ...... মানুষ যে কাজ করে সন্তুষ্ট হয় সেই কাজগুলি সে এই কোয়াড্রান্টে করার সুযোগ পায়। যারা নিজের কাজ করতে চায় তারা সকলেই এস কোয়াড্রান্টে পৌঁছে যায়। দুঃখের বিষয় এই যে, সব ক'টি কোয়াড্রান্টের মধ্যে এই কোয়াড্রান্টে সবচেয়ে কম পারিশ্রমিক পাওয়া যায়। সম্প্রতি একটি প্রবন্ধে পড়েছিলাম যে, আমেরিকার বহু ছোট ব্যবসাদার বা স্ব-নির্ভর কনট্রাক্টর বছরে ২৫,০০০-এরও কম আয় করে। আগেও বলেছি, এস কোয়াড্রান্টে ব্যবসা সবচেয়ে অসফল হয়। অনেক ছোট ব্যবসা তো আরম্ভ হওয়ার সঙ্গে সঙ্গেই প্রায় ব্যর্থ হয়।

বড় হয়ে তুমি কি হতে চাও?

যখন ছোট ছিলাম, আমার নির্ধন বাবা প্রায়ই বলতেন, 'স্কুলে যাও, ভালোমত পাশ কর, তাহলে ভালো নিরাপদ চাকরি পাবে।' উনি আমায় ই কোয়াড্রান্টের জন্য প্রস্তুত করছিলেন।

আমার মা প্রায়ই বলতেন, 'যদি ধনী হতে চাও, ডাক্তার বা উকিল হও। তাহলে তোমার কাছে সবসময় একটা পেশাগত যোগ্যতা থাকবে।' তিনি আমায় এস কোয়াড্রান্টের জন্য গড়ে তুলছিলেন।

আমার ধনবান বাবা বলতেন, 'যদি বড়লোক হতে চাও ... নিজের কাজ সামলাতে শেখো।' .... তিনি আরও বলতেন, 'বেশির ভাগ লোক সারাজীবনে বড়লোক হতে পারে না, কারণ সারা জীবনটা তারা পরের কাজ সামলাতে কাটিয়ে দেয়।' তিনি এও বলতেন, 'কাজে যত নিরাপত্তা খুঁজবে, নিজের জীবনের ওপর ততই নিয়ন্ত্রণ হারাবে। কতটা রোজগার করছ, কত কর দিচ্ছ সে সব নিয়ন্ত্রণ করতে শেখো, আর নিয়ন্ত্রণ করো তোমার অবসর সময়টা।' 'আমার ধনবান বাবার কাছে অফুরন্ত সময় ছিল, কারণ তিনি নিজে বেশ কয়েকটি ব্যবসার মালিক ছিলেন, তিনি ব্যবসার জন্য বা ব্যবসায় নিজে পরিশ্রম করতেন না। নিজের ব্যবসা চালানোর জন্য তিনি ই এবং এস কোয়াড্রান্ট থেকে লোক নিযুক্ত করতেন। তাই তার কাছে ছিল অফুরন্ত সময়, ব্যক্তিগত স্বাতন্ত্র্য, তার কাছে প্রচুর অর্থ ছিল অথচ কর কম দিতেন, তবে অবৈধভাবে নয়। তিনি বলতেন, 'যদি মুক্ত হতে চাও, নিজের ব্যবসায় মনোযোগ দাও।' আর তিনি যে ব্যবসার কথা বলছিলেন তা ছিল বি কোয়াড্রান্টের ব্যবসা, এস কোয়াড্রান্ট না।

রিচ ড্যাডস্ ক্যাশফ্লো কোয়াড্রান্ট বইটিতে আমি নিয়ন্ত্রণ শব্দটির বিষয়ে আমার ধনবান বাবার চিন্তা-ভাবনা পুনর্বিবেচনা করেছি। আমার ধনবান বাবা প্রায়ই বলতেন, 'কাজে

যত নিরাপত্তা খুঁজবে অথবা যদি লাইসেন্সপ্রাপ্ত পেশাদার যেমন ডাক্তার, উকিল, অ্যাকাউন্ট্যান্ট, রিয়্যাল এস্টেট ব্রোকার অথবা স্টক ব্রোকার হও, তোমার জীবনের ওপর নিয়ন্ত্রণ হারাবে। যত নিয়ন্ত্রণ হারাবে ততই হারাবে তোমার স্বাধীনতা। তাই তিনি বলতেন, 'যদি কেউ তোমায় প্রশ্ন করে বড় হয়ে কি হতে চাও, উত্তরে শুধু বলবে, আমি নিজের কাজ সামলাতে চাই'। এবং তিনি এস কোয়াড্রান্টের কথা বলছিলেন না, তিনি কিন্তু বি কোয়াড্রান্টের কথাই বলছিলেন।

কোয়াড্রান্ট কিভাবে বদলানো যায়

রিচ ড্যাডস্‌ ক্যাশফ্লো কোয়াড্রান্ট পড়ার পর এবং কোয়াড্রান্ট বদলানোর জন্য কি প্রয়োজন তা বোঝার পর অনেকেই আমাকে প্রশ্ন করে 'কিভাবে কোয়াড্রান্ট বদলাব? আপনি ব্যাপারটা এমন সহজভাবে বুঝিয়েছেন কিন্তু আমাদের পক্ষে তা করা তো তেমন সহজ নয়।'

আমি উত্তরে বলি, 'কোয়াড্রান্টের বাঁ দিক অর্থাৎ ই এবং এস দিক থেকে ডানদিক অর্থাৎ বি এবং আই কোয়াড্রান্টে স্থানান্তরণ কয়েকজনের পক্ষে সত্যিই সহজসাধ্য। দুর্ভাগ্যবশত আমার জন্য তা সহজ ছিল না। আমার ধনবান বাবার পথনির্দেশ অনুসরণ না করলে হয়ত আমি কোনোদিনই কোয়াড্রান্ট বদলাতে পারতাম না।' আমি তাদের বোঝাতে শুরু করি, আমার সুশিক্ষিত শিক্ষাবিদের পরিবারে জন্ম হয়। আমার পরিবারে ভালো শিক্ষালাভ এবং নিরাপদ চাকরি বা পেশা অত্যন্ত গুরুত্বপূর্ণ বিষয় মনে করা হয়। একথা এজন্য বলছি যে, কোয়াড্রান্ট বদলের সময় সম্ভবত আপনাকে আপনার পরিবারের মূল্যবোধ ও ধ্যান-ধারণা থেকে দূরে সরে যেতে হবে ...... যে কারণে অনেকে ইচ্ছা সত্ত্বেও কোয়াড্রান্ট পরিবর্তন করতে পারে না। আমার মা-বাবার মতে ব্যবসার মালিক ও অর্থ বিনিয়োগকারী ধনী ব্যক্তি প্রায়ই লোভী, শয়তান, নিষ্ঠুর এবং কখনও কখনও অসৎ মানুষ হয়।

যখন আমার মা-বাবা শুনলেন যে ভালো বেতনের চাকরি বা পেশায় যোগ না দিয়ে আমি ব্যবসা করতে চাই, তারা খুবই আশাহত হন, কারণ আমার সিদ্ধান্ত তাদের মূল্যবোধের বিরুদ্ধে ছিল। আমার বাবা ছিলেন নিষ্ঠাবান স্কুলশিক্ষক আর মা ছিলেন নার্স। তাঁরা বেশ কয়েক বছর রাষ্ট্রপতি কেনেডির 'পিস কোরে'-এ স্বেচ্ছাসেবকের কাজ করেন। তাঁরা ছিলেন খাঁটি ভালোমানুষ, আমার মধ্যে যে সামাজিক ও নৈতিক মূল্যবোধগুলি রয়েছে, তা তাঁদেরই অবদান। তাই যখন তাঁরা শুনলেন, কর্পোরেটের সিঁড়ি বেয়ে ওঠার বদলে আমি সম্পূর্ণ সিঁড়িটার মালিক হতে চাই, তাঁরা হতাশ হলেন। তাঁরা ভাবলেন আমি অপর পক্ষে যোগ দিচ্ছি .... আর সত্যি তো তাই করছিলাম। কোয়াড্রান্টের ই এবং এস পক্ষ ছেড়ে আমি বি এবং আই পক্ষে যোগদানের সিদ্ধান্ত নিই। তাঁরা আমার মধ্যে যে সামাজিক ও নৈতিক চেতনা ও মূল্যবোধ গড়ে তুলেছিলেন, আজও আমার মধ্যে তা নিহিত আছে, তবে তাঁরা ব্যাপারটা সেভাবে দেখেননি বা বোঝেননি।

আমার মা-বাবার মনে হত বড় ব্যবসাদার ও ইনভেস্টার হওয়া মানে জীবনে অসৎ পন্থা অবলম্বন করা। তাই কোয়াড্র্যান্ট বদলানো আমার জন্য মানসিক পরিবর্তনের চেয়েও বেশি কিছু ছিল। তাঁরা ভাবলেন, ছোটবেলায় আমাদের যা শিখিয়েছেন, তাঁদের মতে যা ভাল, পরিপূরক ও গুরুত্বপূর্ণ, আমি সেসব শিক্ষা প্রত্যাখ্যান করছি। তাঁরা মনে করতেন জীবনে আমার শুধুই ভালো শিক্ষা-দীক্ষা, ভালো চাকরি ও একটি সুন্দর বাড়ি প্রয়োজন। বড়লোক হতে চাওয়া, কোম্পানির মালিক হওয়ার ইচ্ছা, বিশ্বব্যাপী নানা ব্যবসায় অর্থ বিনিয়োগ ও আমার কাজে অপরকে নিযুক্ত করা এসব অভিলাষ তাদের জন্য অসৎ জগতে প্রবেশের মত ছিল। তাঁরা কোনোদিন কল্পনা করেননি আমি আন্তর্জাতিক স্তরের ব্যবসায়ী হতে চাইব, বিনিয়োগের জন্য সারা পৃথিবী ঘুরে বেড়াব। তাঁদের জন্য এমন মানুষ দরিদ্রের নিপীড়ন করে, কর্মী শ্রেণীর নির্যাতন করে, এমন মানুষ নিজের ধর্ম ও মূল্যবোধ হারিয়েছে। সুতরাং, আমার জন্য এই পরিবর্তনের অর্থ ছিল পরিবার পরিজন থেকে বহুদূর সরে যাওয়া। যদিও ঐ মূল্যবোধগুলি সহজ সাধারণ মনে হয় তবু ঐ মূল্যবোধের ভিত্তি আমার সমস্ত অস্তিত্বে প্রসারিত ছিল। বহু বছর পর আমার বাবা বুঝেছিলেন কোয়াড্র্যান্ট পরিবর্তনের অর্থ সামাজিক, নৈতিক অথবা ধর্মীয় মূল্যবোধ পরিবর্তন নয় ...... তা সত্ত্বেও বহু বছর তিনি আমার জন্য দুশ্চিন্তাগ্রস্ত ছিলেন। আর আমার মা যে ছেলেকে নিজের হাতে গড়ে তুলেছিলেন সেই ছেলেকে যে হারিয়ে ফেলেননি তা বোঝার সুযোগ মা আর পেলেন না, কারণ তিনি আগেই গত হয়েছিলেন।

যেহেতু আমাদের ব্যক্তিগত মূল্যবোধগুলি আমাদের ব্যক্তিত্বে সুদূরপ্রসারিত, তাই যখনই কেউ প্রশ্ন করেন, 'কোয়াড্র্যান্ট কিভাবে বদলানো যায়,' আমি উত্তর দিই, 'নেটওয়ার্ক মার্কেটিং কোম্পানিতে যোগ দিয়ে দেখুন না?' নেটওয়ার্ক মার্কেটিং-এ যোগদানের এই পরামর্শের প্রধান উদ্দেশ্য হল, একটি কোয়াড্র্যান্ট ছেড়ে অপর কোয়াড্র্যান্টে রাতারাতি পৌঁছানো সম্ভব নয়।

আমার ধনবান বাবা বহু বছর যাবৎ আমাকে দিশানির্দেশ দিয়েছেন, শিখিয়েছেন, কখনও কখনও বকেছেন, যাতে আমি বি এবং আই হয়ে উঠতে পারি। উপযোগিতা-১ এ যেমন বলেছি : জীবন পরিবর্তনকারী শিক্ষা, সত্যিকার জীবন পরিবর্তনকারী ব্যবসা-শিক্ষার ফলে আপনার মনোভাব, অনুভূতি এবং শারীরিক ও আধ্যাত্মিক জীবনে প্রভাব পড়া উচিত .... এই পরিবর্তন আসতে কিছুটা সময় লাগে এবং কিছু দিশানির্দেশের প্রয়োজন হয়। সেই সময় ও নির্দেশ কয়েকটি নেটওয়ার্ক মার্কেটিং কোম্পানির কাছে পাওয়া যায়।

আমি নিজেই তা করতে পারব না কেন?

এরপর আমায় প্রশ্ন করা হয়, 'আমি নিজে কোয়াড্র্যান্টের বাঁ দিক থেকে ডানদিকে যেতে পারব না কেন?' আমার উত্তর, 'তা পারবেন।' তবে অধিকাংশ মানুষের জন্য এটা তেমন

সহজ ব্যাপার নয়।   কয়েকজন প্রখ্যাত ব্যক্তি নেটওয়ার্ক মার্কেটিং ব্যবসায় যোগ না দিয়ে বি কোয়াড্রান্টে যথেষ্ট সফল হয়েছেন। যেমন, 'মাইক্রোসফট'-এর প্রতিষ্ঠাতা বিল্ গেটস্; 'ডেল' কমপিউটারের সৃষ্টিকর্তা মাইকেল ডেল; 'ফোর্ড' মোটর কোম্পানির সংস্থাপক হেনরি ফোর্ড; এবং আরও অনেকে। তাই, তাও করা সম্ভব, তবে পরের পৃষ্ঠাগুলি পড়লে বুঝবেন যে, বেশির ভাগ মানুষ এতে অসফল হয়। অর্থের অভাবে এরা অসফল হয় না, এদের অসাফল্যের কারণ মানসিক, অনুভূতিগত, শারীরিক এবং আধ্যাত্মিক বিকাশের পথটি সুকঠিন।

প্রারম্ভিক অধ্যায়ে বলেছি, নেটওয়ার্ক মার্কেটিং ব্যবস্থা ছাড়াই আমি বি কোয়াড্রান্টে সফল হই। তাই আমি জানি পথটি কতখানি কঠিন .... এতে শুধু যে অর্থের প্রয়োজন হয়, তা নয়। যখন লোকে প্রশ্ন করে 'আপনি কি খালি হাতে ব্যবসা শুরু করেছিলেন?' আমি উত্তর দিই, 'হ্যাঁ, আমি শূন্য থেকেই শুরু করি। বস্তুত, তিনবার অর্থাৎ তিন গুণ শূন্য থেকে আমার শুরু'। কারণ, আমি সত্যি তিনগুণ শূন্য থেকে ব্যবসা আরম্ভ করি। প্রথম ব্যবসা যখন শুরু করি, আমার হাতে বিশেষ টাকা-কড়ি ছিল না, তাই শূন্য দিয়ে শুরু। দ্বিতীয় ও তৃতীয়বার শূন্য থেকে শুরুর অর্থ, আমার প্রথম দু'টি ব্যবসায় অসাফল্য। সত্যি কথা বলতে, আমি পরের দু'বার যে ব্যবসা শুরু করি তখন মনে হয়েছিল একেবারে কিছু না দিয়ে শুরু করাই ছিল সবচেয়ে সেরা। কিছু না সবচেয়ে শ্রেষ্ঠ। ব্যবসায় মার খেয়ে আমায় প্রচুর ঋণ নিয়ে হয় ...... কয়েক মিলিয়ন ডলার দেনার দায়ের চেয়ে শূন্য ছিল অনেক অনেক ভাল।

অর্থোপার্জনের চেয়েও গুরুত্বপূর্ণ ছিল নিজেকে গড়ে তোলা

যখন লোকে বলে দরিদ্রতার কষ্ট আমি কোনোদিনই বুঝব না, কথাটা শুনে আমি হাসি আর বলি, 'কয়েক মিলিয়ন ডলারের ক্ষতি হ'লে কেমন লাগে তা জানেন? এতে কতখানি মানসিক, অনুভূতিগত, শারীরিক ও আধ্যাত্মিক ক্ষতি হতে পারে তা অনুমান করতে পারেন কি?' আমি যে নেটওয়ার্ক মার্কেটিং কোম্পানিতে যোগদানের পরামর্শ দিচ্ছি তার আরেকটি কারণ হ'ল এরা প্রত্যেকটি মানুষকে মানসিক, অনুভূতিগত, শারীরিক ও আধ্যাত্মিক দৃষ্টিতে পুনর্গঠিত করে তোলায় বিশেষ লক্ষ্য রাখে। আস্থা, বিশ্বাস ও আত্মপ্রত্যয় হারানো যে কি বেদনাদায়ক তা আমি জানি। বিশ্বাস করুন, আমার নিজের ওপর আস্থা ও আত্মপ্রত্যয় হারানো কয়েক মিলিয়ন ডলার হারানোর চেয়ে অনেক বেশি বেদনাদায়ক ছিল।

প্রথমবার ব্যবসায় অসফলতায় আমার নির্ধন বাবা খুব রেগে গিয়েছিলেন, তিনি আমার জন্য লজ্জিত বোধ করেন। অথচ আমার ধনবান বাবা বলেছিলেন, 'চেষ্টা চালিয়ে যাও, অধিকাংশ কোটিপতি সাফল্যের চাবিকাঠি হাতে পাওয়ার আগে অন্তত তিনবার অসফল হয়।' সৌভাগ্যবশত দু'বার অসফলতার পরেই আমি সাফল্যের মুখ দেখতে পাই। তবে দু'বার অসফলতার পর সাফল্য পাওয়ার জন্য আমাকে আধ্যাত্মিক ও আবেগগত বাধা অতিক্রম করে সম্পূর্ণ পুনর্গঠিত হতে হয়। আমার এই আবেগগত ও আধ্যাত্মিক পুনর্গঠনের

পরই অর্থাগম শুরু হয়।

ধনোপার্জন থেকেও গুরুত্বপূর্ণ ছিল নিজেকে পুনরায় গড়ে তোলা। নেটওয়ার্ক মার্কেটিং ব্যবসার পরামর্শ দেওয়ার অপর একটি কারণ হল, এরা ব্যক্তিবিকাশের বা কখনও কখনও ব্যক্তিকে পুনর্গঠিত করে তোলার ব্যাপারে বিশেষ দৃষ্টি রাখে, ফলে ঐ ব্যক্তি পরে নিজের ব্যবসা গড়ে তুলতে পারে। যদি আপনার ব্যাপারটি কৌতূহলোদ্দীপক মনে হয় তাহলে এমন একটি নেটওয়ার্ক মার্কেটিং কোম্পানি খুঁজে বার করুন যাদের শিক্ষার কর্মসূচি প্রধানতঃ ব্যক্তিবিশেষকে গড়ে তোলার ব্যাপারে লক্ষ্য রাখে, ব্যক্তির মাধ্যমে কোম্পানির পরিকল্পনা বা পণ্য বিক্রয় যাদের একমাত্র লক্ষ্য নয়। একবার নিজের উপযুক্ত কোম্পানিটি খুঁজে বার করার পর আপনার কাজ হল তাদের শিক্ষাসূচি প্রয়োগ করে নিজেকে যথাসম্ভব পুনর্গঠিত করে তোলা। এরা শুধু আপনার জন্য পরিকল্পনা প্রস্তুত করবে। বাকি কাজটা অর্থাৎ পরিকল্পনামাফিক নিজেকে গড়ে তোলার দায়িত্ব আপনার। যদি নিজে নিজেকে সাহায্য না করেন তাহলে অন্য কেউ আপনাকে সাহায্য করতে পারবে না।

এই কাজটা আপনি নিজেও করতে পারেন। তবে মনে রাখবেন, কোয়াড্রান্টের ই এবং এস পক্ষ থেকে বি এবং আই পক্ষে স্থানান্তরণের জন্য শুধুমাত্র অর্থব্যয়ই নয়, অনেক পরিশ্রম করতে হয়। যারা বি কোয়াড্রান্টে প্রবেশের জন্য নেটওয়ার্ক মার্কেটিং ব্যবস্থার শরণাপন্ন হয়, তাদের পরিশ্রম খানিকটা লাঘব হয়, ঝুঁকি সম্ভাবনা কম থাকে এবং ব্যক্তিগত বিকাশের পথে নেটওয়ার্ক মার্কেটিং-এর শিক্ষা ও সাহায্য এদের পথপ্রদর্শক হতে পারে।

আপনার দৈনন্দিন চাকরি বহাল রাখুন

বি কোয়াড্রান্টে সাধারণতঃ তিন প্রকারের ব্যবসার হদিস পাবেন। এখানে পাবেন নামী-দামী কোম্পানি যেমন ডেল কমপিউটার বা হেউলেট প্যাকার্ড, যারা ডর্মিটারির ঘর বা গ্যারাজ থেকে ব্যবসা শুরু করেছিল। অথবা আপনি ম্যাকডোনাল্ডস্ বা ট্যাকো বেলের ফ্র্যাঞ্চাইস কিনতে পারেন। বি কোয়াড্রান্টের তৃতীয় প্রকারের ব্যবসাটির নাম নেটওয়ার্ক মার্কেটিং বিসনেস।

নেটওয়ার্ক মার্কেটিং ব্যবসার একটি প্রধান সুবিধা হল এতে প্রবেশ করার জন্য অপেক্ষাকৃত কম অর্থ বিনিয়োগ করতে হয়। ম্যাকডোনান্ডসের ফ্র্যাঞ্চাইস কিনতে গেলে বর্তমানে নিদেশপক্ষে এক মিলিয়ন ডলারের প্রয়োজন। যদি আপনার কাছে এক মিলিয়ন ডলার থাকে বা ব্যাঙ্ক আপনাকে এক মিলিয়ন ডলার ঋণ দিতে সম্মত হয় তাহলে অবশ্যই ফ্র্যাঞ্চাইস কিনতে পারবেন। তবে, যদি আপনার কাছে তেমন আর্থিক সম্বল না থাকে অথবা ফ্র্যাঞ্চাইসের কাজকর্ম শেখার জন্য যথেষ্ট সময় দিতে না পারেন, তাহলে নেটওয়ার্ক মার্কেটিং ব্যবসা আপনার পক্ষে যথার্থ। নেটাওয়ার্ক মার্কেটিং ব্যবসার একটি বড় সুবিধা হল ই বা এস কোয়াড্রান্টে থাকাকালীন আপনি বি কোয়াড্রান্টে খণ্ডকালীন ব্যবসা শুরু করতে পারেন। এভাবে আপনি আপনার প্রয়োজনীয় শিক্ষা অর্জন করবেন, অথচ ঐ শিক্ষালাভের জন্য

আমাকে যে দুঃখকষ্ট ও আর্থিক ঝুঁকির সম্মুখীন হতে হয়েছিল, আপনি সেগুলি থেকে সুরক্ষিত থাকবেন।

পরামর্শদাতার ক্ষমতা

আমাকে প্রায়ই অনুরোধ করা হয়, 'আপনি আমার পরামর্শদাতা হবেন?' যথাসম্ভব ভদ্রভাবে আমি তাদের নেটওয়ার্ক মার্কেটিং ব্যবসার পরামর্শদানের কর্মসূচি বিবেচনা করে দেখতে বলি।

আমার ধনবান বাবাকে পরামর্শদাতা হিসাবে পেয়ে আমার খুবই সুবিধা হয় এবং সেজন্য আমি চিরকৃতজ্ঞ। আমার স্কুল শিক্ষক নির্ধন বাবার কাছে বি এবং আই কোয়াড্রান্ট সম্বন্ধে আমার জিজ্ঞাস্য প্রশ্নগুলির উত্তর দেওয়ার মত জ্ঞান বা অভিজ্ঞতা ছিল না। আমার ধনবান বাবার পরামর্শ ছাড়া কোনোদিনই হয়ত আমি কোয়াড্রান্টের বাঁ দিক থেকে ডানদিকে পৌঁছাতে পারতাম না। নেটওয়ার্ক মার্কেটিং কোম্পানির পরামর্শদাতার প্রধান ভূমিকাটি হল, আপনাকে কোয়াড্রান্টের ই এবং এস বিভাগ থেকে বি এবং আই বিভাগে পৌঁছে দেওয়া এবং পরামর্শ দেওয়া, শেখানো ও নির্দেশ দেওয়ার জন্য এরা যে সময়টা বিনিয়োগ করে তার জন্য আপনাকে কোনো পারিশ্রমিক দিতে হবে না। এবং এদের এই নির্দেশগুলি অমূল্য।

আমার মতে, যদি আপনি নেটওয়ার্ক মার্কেটিং কোম্পানির কথা বিবেচনা করেন তাহলে যিনি আপনাকে এই ব্যবসায় যোগদানের কথা বলেছেন তার পরামর্শদাতার বিষয়ে খোঁজখবর নিন। সময় নিয়ে তাদের সঙ্গে দেখা করুন, ই এবং এস কোয়াড্রান্ট থেকে বি ও আই কোয়াড্রান্টে স্থানান্তরণে তারা কতখানি সহায়ক হবে সে বিষয়ে তাদের সততার আন্তরিকতা মূল্যায়ন করে দেখুন। আপনার জীবনে পরামর্শদাতার একটি গুরুত্বপূর্ণ ভূমিকা রয়েছে। তাই ভালোমত বিবেচনা করে পরামর্শদাতা বেছে নিন।

একটু সতর্কতা

আমি বুঝেছি যে সবকটি নেটওয়ার্ক মার্কেটিং কোম্পানি একরকম নয়, তা আপনিও নিশ্চয়ই জেনেছেন। জীবনের আর পাঁচটা জিনিষের মতই, এতেও কিছু ভালো আছে, কিছু জিনিষ তেমন ভালো নয়। অন্যান্য ব্যবসার মত বহু নতুন নেটওয়ার্ক মার্কেটিং ব্যবসাও অসফল হয়। তা সত্ত্বেও আপনাকে সতর্ক করার প্রধান উদ্দেশ্য হল, বেশ কয়েকটি নেটওয়ার্ক মার্কেটিং কোম্পানি আপনাকে শুধু মাত্র এস কোয়াড্রান্টের জন্যই পরামর্শ দেবে, প্রস্তুত করবে, বি কোয়াড্রান্টে জন্য নয়। এমন করার কারণ হল, তারা শুধুমাত্র আপনার বিক্রির দক্ষতা বৃদ্ধি করায় কেন্দ্রীভূত থাকে, বি কোয়াড্রান্টে সাফল্যের জন্য সামগ্রিক ব্যবসায়িক দক্ষতাকে তেমন গুরুত্ব দেয় না।

এরা যে আপনাকে এস কোয়াড্রান্টে অগ্রসর করতে চায় তা বোঝার উপায়টি হল, এরা পণ্যদ্রব্য সম্বন্ধে জ্ঞান, বিক্রয়পটুতা ও আপনি কত অর্থোপার্জন করতে পারেন সে সব বিষয়ে বিশেষ আলোকপাত করবে। অন্যদিকে, একটি খাঁটি বি কোয়াড্রান্ট নেটওয়ার্ক মার্কেটিং কোম্পানি আপনার সর্বাঙ্গীন বিকাশের ব্যাপারে লক্ষ্য রাখবে, আপনার উর্ধ্বতনদের জন্য শুধু আপনার বিক্রয় ক্ষমতা বৃদ্ধি ও অর্থোপার্জনে কেন্দ্রীভূত থাকবে না। এসব করতে হয়ত কিছুটা বেশী সময় লাগবে, তাই অনেকেই সম্পূর্ণ পরিবর্তনের আগেই হাল ছেড়ে দেয়। এরা ছেড়ে চলে যায় কারণ এরা শুধুই অর্থোপার্জনের আগ্রহী, কোয়াড্রান্ট পরিবর্তন এদের উদ্দেশ্য নয়।

আপনার উদ্দেশ্য যদি শুধু অতিরিক্ত অর্থোপার্জন হয়, তাহলে এ ধরণের নেটওয়ার্ক মার্কেটিং কোম্পানি আপনার উপযুক্ত। তবে যারা কোয়াড্রান্টের বাঁ দিক থেকে ডানদিকে সামগ্রিক পরিবর্তনে ইচ্ছুক, তাদের জন্য বলি, এমন একটি নেটওয়ার্ক মার্কেটিং কোম্পানি খুঁজে বার করুন যাদের প্রশিক্ষণ কর্মসূচিতে অর্থোপার্জন, পণ্য সম্বন্ধে জ্ঞান ও বিক্রয় ক্ষমতা থেকেও আরো বেশী কিছু শেখানো হয়।

কোয়াড্রান্ট পরিবর্তন করতে কত সময় লাগে?

আমাকে যখন প্রশ্ন করা হয়, 'কোয়াড্রান্ট বদলাতে কত সময় লাগে?' আমি প্রায়ই উত্তর দিই, 'আমি এখনও পরিবর্তন করে চলেছি।' অর্থাৎ বি ও আই কোয়াড্রান্টে আমার শিক্ষা অন্তহীন। তবে সুখবর এই যে, বি এবং আই কোয়াড্রান্টে আমি যত বেশি সুদক্ষ হয়ে উঠি, তত বেশি অর্থোপার্জন করি ও অবসর সময় পাই।

সকলের জন্য আমার পরামর্শ, এই পদ্ধতি কার্যকর হওয়ার জন্য কমপক্ষে পাঁচ বছর সময় দেওয়ার জন্য প্রস্তুত থাকবেন। আমি জানি, এ কথায় অনেকেই হতাশ হয়ে পড়বেন। পাঁচ বছর সময়টা চিরজীবন মনে হলে ছ' মাসের লক্ষ্য নির্ধারণ করে অগ্রসর হয়ে দেখুন। তবে একবার লক্ষ্য স্থির করে দায়িত্ব নেওয়ার পর এরা যা যা করতে বলবে সে সব কাজ আপনাকে করতে হবে। সব কটি মিটিং, সব প্রশিক্ষণ সত্র এবং প্রত্যেকটি বড় সমাবেশে অবশ্যই উপস্থিত থাকুন। কারণ, আপনি হয়ত নিজের পরিবেশেও যত দ্রুত সম্ভব পরিবর্তন চাইবেন। একবার পরিবেশে পরিবর্তন হয়ে গেলে, আপনার চিন্তাধারাতেও পরিবর্তন আসবে।

পরিবেশ পরিবর্তন থেকেই শুরু

পরিবেশে পরিবর্তন খুবই গুরুত্বপূর্ণ, বিশেষত প্রারম্ভিক স্তরে তা খুবই জরুরী। যেহেতু মানুষ অধিকাংশ সময় ই কোয়াড্রান্ট বা এস কোয়াড্রান্টে কাটায়, তাই এটা অত্যন্ত জরুরী। জেগে থাকাকালীন মানুষ অধিকাংশ সময় এই কোয়াড্রান্টগুলিতেই কাটায়, ব্যাপারটা লজ্জাজনক। এরা পরিবার পরিজনের সঙ্গে যতটা সময় কাটায় তার চেয়েও বেশি সময়

কাজে অর্থাৎ এই কোয়াড্রান্টগুলিতে কাটায়। আমার তো মনে হয়, বর্তমান তরুণদের জীবনে এত বেশি জটিলতা ও সমস্যার প্রধান কারণ হ'ল, এরা প্রিয়জনের সঙ্গে যতটা সময় কাটায় তার চেয়ে বেশি সময় কাটায় কর্মক্ষেত্রে।

প্রথমে যদিও বা আপনার মনে হবে যে, পরিবারকে তেমন সময় দিতে পারছেন না, তাও আমি বলব প্রথমদিকে অন্তত ছ' মাস সব জায়গায় উপস্থিত থাকুন। এই পরামর্শের কারণ হল 'এক যাত্রায় পৃথক ফল হয়ে লাভ নেই।'

যদি বি এবং আই পক্ষে স্থানান্তরণের জন্য প্রস্তুত থাকেন, তাহলে এমন লোকেদের সঙ্গে মেলামেশা শুরু করুন যাদের চিন্তা-ভাবনা আপনাকে অনুপ্রাণিত করতে পারে।

ছোটবেলার কথা মনে পড়ে, আমার ধনবান বাবা ও নির্ধন বাবা দুজনের বাড়ির পরিবেশ ছিল সম্পূর্ণ ভিন্ন। এদের পার্টিগুলিও ছিল সম্পূর্ণ আলাদা। এখন আমার অনেক বন্ধু বিভিন্ন কোয়াড্রান্ট থেকে কাজ করে। তবে আমি যাদের সঙ্গে সবচেয়ে বেশি সময় কাটাই, আমার সবচেয়ে ঘনিষ্ট বন্ধুরা প্রধানত বি এবং আই কোয়াড্রান্টের মানুষ। আবার চল্লিশোর্ধ কয়েকটি এমন বন্ধুও আমার আছে যাদের আই কোয়াড্রান্টে থাকার একমাত্র কারণ হল, এরা নিজেদের বি কোয়াড্রান্টের ব্যবসা বিক্রি করে দিয়েছে এবং বর্তমানে শুধুই ব্যবসায় বিনিয়োগ করছে। যাদের কাছে অর্থবল আছে এবং জীবনকে উপভোগ করার যথেষ্ট অবসর সময় আছে তেমন মানুষকে বন্ধু হিসাবে পেলে ভালোই লাগে।

অর্থ আছে .... তবে অবসর সময় নেই

ই এবং এস কোয়াড্রান্টভুক্ত আমার বেশ কয়েকটি বন্ধুর কাছে অর্থবল রয়েছে, তবে অবসর সময় নেই। অনেকেই প্রচুর অর্থোপার্জন করেন, অথচ কাজ বন্ধ রাখতে পারেন না। আমার মতে, এটা অর্থ থাকা সত্ত্বেও স্বাধীনতার অভাব। তাই পরিবেশে পরিবর্তন অত্যন্ত গুরুত্বপূর্ণ, যাদের কাছে প্রচুর অর্থ ও অবসর সময় *আছে* বা যারা এই দুটো জিনিস *পেতে চায়*, আপনিও তাদের মত চিন্তা-ভাবনা করতে পারেন। এদের ও আপনার মানসিকতায় বিশাল তফাৎ রয়েছে .... এবং এই মানসিকতার হদিশ পাওয়ার জন্য আপনাকে পরিবেশ বদলাতে হবে ..... আশা করি শীঘ্রই তা করবেন।

বেশ কয়েক বছর যাবৎ আমি ও আমার স্ত্রী ব্যবসা গড়ে তোলার ও বিনিয়োগের জন্য প্রচুর পরিশ্রম করেছি। প্রথমদিকে মনে হত, সামান্য অর্থের জন্য আমরা প্রচুর পরিশ্রম করছি ও আমাদের হাতে অবসর সময়ও তেমন ছিল না। এখন, আমাদের কাছে অর্থ ও সময় দুই-ই আছে কারণ আমরা আগেই এর জন্য বিনিয়োগ করেছি। এখন আমরা কাজ করি, কারণ আমরা ব্যস্ত থাকতে চাই ...... আমরা কাজ করতে বাধ্য নই .... সেখানেই আসল পার্থক্য।

পাঁচ বছর কেন

তাই যদি নিজেকে ছ'মাসের বেশি সময় না দিতে পারেন তাহলে ছ'মাসের লক্ষ্যই রাখুন। নিচে দেওয়া কয়েকটি কারণবশত আমি পাঁচ বছরের অঙ্গীকারের পরামর্শ দিই :

কারণ #১ : আগেই বলেছি, শিক্ষা এক শারীরিক প্রক্রিয়া এবং মানসিক শিক্ষালাভের তুলনায় শারীরিক শিক্ষায় বেশি সময় প্রয়োজন।

উদাহরণ, আপনি সাইকেল চালানো শেখার সিদ্ধান্ত নিলেন, মানসিকভাবে এই সিদ্ধান্ত নিতে যতখানি সময় লাগবে তার চেয়ে বেশি সময় বাস্তবিক ক্ষেত্রে শিখতে লাগবে। তবে সুসংবাদ এই যে, একবার নিজের হাতে কোনো জিনিস শিখলে সাধারণত সারাজীবন তা মনে থাকে।

কারণ #২ : আবার, *শেখা জিনিস ভুলে যাওয়াও* এক শারীরিক প্রক্রিয়া। একটি কথা আছে যে, বুড়ো কুকুরকে নতুন খেলা শেখানো যায় না। সৌভাগ্যবশত, আমরা মানুষ, কুকুর নই। তবে একথাও আংশিকভাবে সত্যি যে, আমাদের বয়স বাড়ার সঙ্গে সঙ্গে *শেখা জিনিসগুলি ভোলার* চেষ্টা করাও কঠিন হয়ে পড়ে। অনেকেই ই এবং এস কোয়াড্রান্টে স্বচ্ছন্দ ও নিরাপদ অনুভব করে ..... বহু বছর যাবৎ তারা এখানে পৌঁছানোর পন্থা শিখেছে, এখন তারা এখানেই আরাম বোধ করে। যেহেতু এটা স্বাচ্ছন্দ্যময় ও আরামদায়ক তাই অনেকেই এখানেই ফিরে আসে, যদিও এই স্বাচ্ছন্দ্য হয়ত অবশেষে তেমন লাভজনক হয় না।

সময় নিয়ে, *শেখা জিনিস ভুলে* নতুন করে শিখুন। অনেকের জন্যই কোয়াড্রান্টের বাঁ দিক থেকে ডান দিকে আসার পথে সবচেয়ে কঠিন কাজটি হল ই এবং এস কোয়াড্রান্টে শেখা চিন্তাধারা ভুলে নতুন দৃষ্টিভঙ্গি অবলম্বন করা। আমার মনে হয়, একবার যদি শেখা জিনিস ভুলে, নতুন করে শুরু করতে পারেন, তাহলে খুব দ্রুত ও সহজে পরিবর্তন আনা সম্ভব।

কারণ # ৩ : প্রজাপতিতে পরিণত হওয়ার আগে সব শুঁয়োপোকা রেশমগুটি গড়ে তোলে। আমার ফ্লাইট স্কুলটি ছিল আমার রেশমগুটি। ফ্লাইট স্কুলে প্রবেশের সময় আমি সাধারণ স্নাতক ছিলাম, যখন ফ্লাইট স্কুল থেকে বেরোলাম তখন আমি এক পাইলট, ভিয়েতনাম যুদ্ধে যাওয়ার জন্য প্রস্তুত। যদি কোনো অসামরিক ফ্লাইট স্কুলে ভর্তি হতাম তাহলে হয়ত পাইলট হতে পারতাম তবে যুদ্ধের জন্য প্রস্তুত থাকতে পারতাম কি না সন্দেহ। অসামরিক পাইলটদের যা শিখতে হয় তার থেকে সম্পূর্ণ ভিন্ন ছিল আমাদের, মিলিটারি পাইলটদের শিক্ষা-দীক্ষা। কর্মক্ষমতা সম্পূর্ণ ভিন্ন, প্রশিক্ষণের তীব্রতা ভিন্ন। প্রশিক্ষণের শেষে যুদ্ধ যাওয়ার বাস্তব সত্য সবকিছুই বদলে দেয়।

ফ্লোরিডায় প্রাথমিক ফ্লাইট স্কুল থেকে পাশ করতে আমার প্রায় দু'বছর সময় লাগে। পাইলট হওয়ার পর আমাকে 'উইংগস্' দেওয়া হয় এবং উন্নততর ফ্লাইট প্রশিক্ষণের জন্য আমাকে ক্যালিফোর্ণিয়ার ক্যাম্প পেণ্ডলটনে পাঠানো হয়। এখানে প্লেন চালানোর চেয়ে বেশি যুদ্ধ কৌশল শেখানো হয়। বিস্তারিত বর্ণনা দিয়ে আপনাদের বিরক্ত করব না, তবে ক্যাম্প পেণ্ডলটনে প্রশিক্ষণের তীব্রতা বহুগুণ বেড়ে যায়।

আমরা ফ্লাইট স্কুলের শিক্ষা সম্পূর্ণ করে পাইলট হয়েছি, ভিয়েতনামে যাওয়ার জন্য প্রস্তুত হতে আমাদের এক বছর সময় দেওয়া হল। এই প্রস্তুতিপর্বে আমরা বিরামহীন প্লেন চালিয়েছি, এমন পরিস্থিতিতে প্লেন চালিয়েছি যা আমাদের মানসিক, অনুভূতিগত, শারীরিক ও আধ্যাত্মিক ক্ষমতার ক্রমাগত পরীক্ষা নিয়েছিল।

ক্যাম্প পেণ্ডলটনে আট মাস প্রশিক্ষণ প্রোগ্রামের পর নিজের মধ্যে পরিবর্তন অনুভব করি। এমনই এক ট্রেনিং ফ্লাইটে আমি যুদ্ধে-যাওয়ার-জন্য-প্রস্তুত পাইলট হয়ে উঠি। সেদিন পর্যন্ত আমি মনে মনে, অনুভূতিতে, শারীরিকভাবে প্লেন চালিয়েছি। অনেকে একে 'যান্ত্রিকভাবে প্লেন চালানো' বলবে। ঐ একটি প্রশিক্ষণ পর্বে আমার মধ্যে আধ্যাত্মিক পরিবর্তন ঘটেছিল। উদ্দেশ্যটি এত প্রগাঢ় ও ভয়াবহ ছিল যে, হঠাৎ আমার সব ভয়-ভীতি-সন্দেহ উধাও হয়ে যায় এবং প্রচণ্ড মনোবল খুঁজে পাই। প্লেন চালানো আমার জীবনের অংশ হয়ে ওঠে। এয়ারক্র্যাফ্টের ভেতরে বসে শান্তি স্বস্তি খুঁজে পাই। এয়ারক্র্যাফ্ট আমার আরেকটা অঙ্গ হয়ে ওঠে। আমিও ভিয়েতনামের জন্য প্রস্তুত হয়ে উঠি।

আমার মনে একেবারেই ভয় ছিল না তা নয় ..... ভয় ছিল। যুদ্ধে যাওয়ার ভীতি তখনও ছিল। মৃত্যুভয় এবং তার চেয়েও ভয়াবহ, অঙ্গহানির ভয় ছিল তখনও। একমাত্র তফাৎ ছিল — আমি যুদ্ধের জন্য প্রস্তুত ছিলাম। ভীতিকে অতিক্রম করে গিয়েছিল আমার নিজের ওপর আস্থা। জীবনে আমূল পরিবর্তনকারী এই শিক্ষাই আমি বহু নেটওয়ার্ক মার্কেটিং ব্যবসায় পেয়েছি।

যুদ্ধে যাওয়ার জন্য প্রস্তুত পাইলট হতে গিয়ে যেমনটি হয়েছিল ঠিক তেমন অনুভূতির পুনরাবৃত্তি হয় আমার ব্যবসায়ী ও ইনভেস্টার হয়ে ওঠার সময়। ব্যবসায় দু-দুবার অসফল হওয়ার পর আমি খুঁজে পাই নিজের সাহস, নিজের উদ্দীপনা ...... 'উদ্যমীর উদ্দীপনা'। যতই কঠিন পরিস্থিতি হোক এই উদ্দীপনাই আমায় বি এবং আই কোয়াড্রান্টে প্রতিষ্ঠিত রেখেছে। ই এবং এস পক্ষের নিরাপত্তা ও স্বাচ্ছন্দ্য উপেক্ষা করে আমি বি এবং আই পক্ষে দাঁড়িয়ে থাকতে সক্ষম। একথা অবশ্য অনস্বীকার্য যে, বি কোয়াড্রান্টে স্বাচ্ছন্দ্যবোধ করার জন্য আত্মপ্রত্যয় গড়ে তুলতে আমার লেগেছে দীর্ঘ পনেরো বছরের অধ্যাবসায়।

আমি আজও পাঁচ বছরের পরিকল্পনা অনুসরণ করে চলেছি

যখন আমি নতুন কিছু শেখার সিদ্ধান্ত নিই, যেমন রিয়্যাল এস্টেটে ইনভেস্ট করার বিষয়ে শেখা, নিজেকে পাঁচ বছর সময় দিই। যখন স্টকে ইনভেস্ট করার প্রণালী শেখার জন্য প্রস্তুত হই, তখনও সম্পূর্ণ প্রণালীটি শেখার জন্য নিজেকে পাঁচ বছর সময় দিয়েছিলাম। অনেকেই একবার অর্থ বিনিয়োগ করে সামান্য টাকাকড়ি হেরে গেলেই সরে পড়ে। প্রথম ভুলেই তাঁরা যুদ্ধক্ষেত্র ছেড়ে পালায়, তাই তাদের কিছুই শেখা হয় না। আমার ধনবান বাবা বলতেন, 'সত্যিকার বিজেতা জানে যে হেরে যাওয়া জেতার অংশবিশেষ। যারা জীবনে হেরে যায় শুধু তারাই মনে করে যে বিজয়ী কখনওই হারে না। পরাজিত মানুষ সবসময় জেতার স্বপ্ন দেখে এবং ভুল এড়িয়ে যাওয়ার যথাসম্ভব চেষ্টা করে।'

তবু আমি নিজেকে পাঁচ বছর যথাসম্ভব ভুল করার সময় দিই। আমি জানি যতগুলি ভুল করব, যত শিখব ..... পাঁচ বছরে ততই বুদ্ধিমান, তৎপর হয়ে উঠব। যদি পাঁচ বছর যাবৎ কোনো ভুল না করি তাহলে পাঁচ বছর আগেকার মতই অ-দক্ষ রয়ে যাব। অথচ পাঁচটা বছর বয়স বেড়ে যাবে।

শিক্ষা-গ্রাফ

লোকে যখন জ্ঞানার্জনের গ্রাফের কথা বলে, অনেকের মনে হয় গ্রাফটি বুঝি বা এরকম দেখতে ঃ

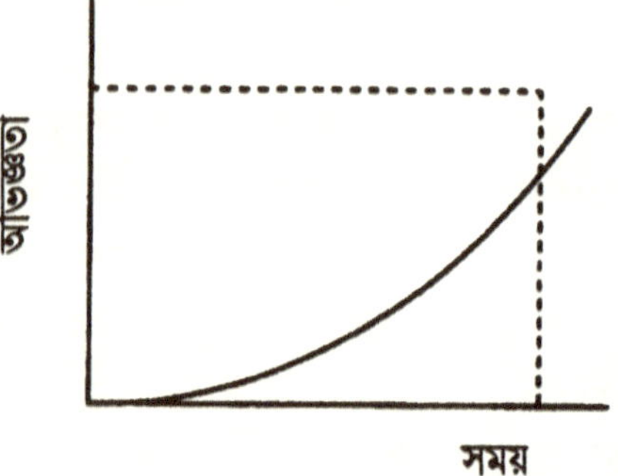

যে কোণাকুণি বক্ররেখা এক্স এবং ওয়াই মেরু ভেদ করে যায়, তাকে শিক্ষা-গ্রাফ বলা হয়।

প্রকৃতির শিক্ষা-গ্রাফ

তবে যদি প্রকৃতির শিক্ষা-গ্রাফ দেখেন, তা কিন্তু মানুষের তৈরি শিক্ষা-গ্রাফ থেকে আলাদা। লক্ষ্য করুন, ছোট পক্ষীশাবক প্রথমবার বাসা ছেড়ে যাওয়ার জন্য প্রস্তুত হওয়ার সময় কেমন দেখায়, এটি একটি প্রাকৃতিক শিক্ষা-গ্রাফ।

নিচে দেওয়া ছবিটি দেখে বুঝবেন কিভাবে ছোট্ট পাখিটি বাসা ছেড়ে উড়তে শিখছে।

এটাই প্রকৃতির বাস্তবিক শিক্ষা-গ্রাফ। অনেকেই মনে করে শিক্ষা-গ্রাফ উত্তরোত্তর উর্ধ্বগামী .... এবং তা সত্যি। শিক্ষা-গ্রাফের এই জনপ্রিয় ধারণাটি মানুষের আবিষ্কার, তার নিজের জন্য প্রযোজ্য।

অথচ যদি প্রকৃতির শিক্ষা-গ্রাফ দেখেন বা আমার ভাষায় অনুভূতির শিক্ষা-গ্রাফ দেখেন ..... দেখতে পাবেন যে, প্রথমে এই গ্রাফ নিম্নমুখী হয়, পরে তা উপরের দিকে অগ্রসর হয়। এই ওড়ার অদ্ভুত আনন্দ উপভোগ করার আগে যে মানসিক নিরাশার মুখোমুখি হতে হয় অনেকেই তা এড়িয়ে যেতে চায়।

বেশির ভাগ লোকের জীবনে সফল না হওয়ার কারণ হল এরা ব্যক্তিগত দ্বিধা ও অনিশ্চয়তা এবং মানসিক ব্যর্থতার সম্মুখীন হতে চান না। আমাদের অনেকেরই এমন হয়, কারণ আমাদের স্কুলগুলিতে শেখানো হয় যে, ভুল করা অন্যায়, ভুল করতে নেই। তাই স্কুল ছাড়ার পর, আমরা আমাদের বাসাতেই বসে থাকি, ই এবং এস-এর বাসায় বসে থাকার ফলে উড়তে শেখা হয় না।

কিছু নেটওয়ার্ক মার্কেটিং প্রশিক্ষণ ব্যবস্থার কয়েকটি বিশেষ গুণ হ'ল এরা :

১) অনুগত কর্মচারি তৈরি করার বদলে আপনাকে বাসা ছেড়ে উড়তে শেখায়।

২) ভীতি, দ্বিধা ও নৈরাশ্যের মুহূর্তগুলিতে আপনাকে সাহায্য করার জন্য এদের কাছে অনুষ্ঠানসূচি তৈরি থাকে।

৩) এদের নিজস্ব পরামর্শদাতা আছে, যারা নিজেরা এই পথে চলেছে এবং আপনাকে এই পথ অনুসরণ করার জন্য অনুপ্রাণিত করে।

৪)   যদি আপনি নিজের গতিতে অগ্রসর হ'ন তাহলেও স্কুলের মত এরা আপনাকে শাস্তি দেবে না, ব্যবসা বা কর্মক্ষেত্রের মত বাতিল বা বরখাস্ত করবে না। তারা চায় আপনিও যেন অপরদিকের কোয়াড্রান্টে পৌঁছাতে পারেন।

চাকরি বদলের চেয়ে এটা অনেক ভাল

সারাজীবন কাজের নিরাপত্তা আঁকড়ে ধরে থাকা বা ক্রমাগত চাকরি বদল করা বা যতক্ষণ না অর্থব হওয়া ততক্ষণ একই চাকরিতে টিকে থাকার চেয়ে একটু সাহস করে, একটু ঝুঁকি নিয়ে কোয়াড্রান্টের বাঁ দিক থেকে ডান দিকে যাওয়ার চেষ্টা করা বেশি ভালো নয় কি? কোয়াড্রান্ট বদলানোর ব্যাপারে লোকেদের পথনির্দেশ দেওয়া এক মহামূল্য দায়িত্ব এবং বহু নেটওয়ার্ক মার্কেটিং এই দায়িত্ব পালন করে চলেছে।

উপযোগিতা #৩ ঃ 'বি' কোয়াড্রান্টে প্রবেশের উপযোগিতা .....

এতে ব্যবসা গড়ে তোলা ও পরিচালনার প্রচুর ব্যয়ভার বহন করতে হয় না

আমাকে কেউ প্রশ্ন করেছিলেন — 'যদি সব কোয়াড্রান্টের মধ্যে বি কোয়াড্রান্ট সর্বশ্রেষ্ঠ হয় তাহলে সবাই বি কোয়াড্রান্টে ব্যবসা শুরু করে না কেন?' আমি একটি চার্চ গ্রুপের সঙ্গে কথা বলছিলাম, এঁরা আমাকে ব্যবসা ও অর্থ বিনিয়োগের বিষয়ে ক্লাস নিতে বলেছিলেন।

উত্তরটা সহজ নয় ..... তবে সরলভাবে এর উত্তর দেওয়া যায়, '*এটা খরচসাপেক্ষ।*' উত্তরটা এতই সহজ যে, সম্পূর্ণ প্রশ্নের উত্তর দেওয়া হল না। আমি যখন খরচসাপেক্ষ কথাটি ব্যবহার করছি, তার অর্থ শুধুমাত্র আর্থিক ব্যয়ভার নয়, *খরচগুলি আরও অনেক বেশি।*

এস কোয়াড্রান্টের ব্যবসা ঐ কোয়াড্রান্টেই সীমাবদ্ধ থাকার একটি কারণ হল, এস থেকে বি কোয়াড্রান্টে যেতে যে খরচ বহন করতে হয় তার অধিকাংশ এস কোয়াড্রান্ট ব্যবসায়ী বহন করতে অসমর্থ অথবা এতটা খরচ করতে চায় না। এস কোয়াড্রান্টের বেশির ভাগ ব্যবসায়ী 'স্বহস্তে' ব্যবসা গড়ে তোলে ..... অর্থাৎ তারা সক্রিয়ভাবে ব্যবসার সঙ্গে জড়িত থাকে। এস কোয়াড্রান্টের ব্যবসায়ীদের জন্য এই দায়িত্বভার 'ছেড়ে দেওয়া' অসম্ভব না হলেও বেশ কঠিন।

ধনীরা কিভাবে বিত্তবান হয়ে ওঠে

রিচ ড্যাড ধারাবাহিকের তৃতীয় বই '*রিচ ড্যাডস্ গাইড টু ইনভেস্টিং*'-এ আমার ধনবান বাবার শেখানো সত্যিকার ধনী হয়ে ওঠার উপায়গুলির বিষয়ে আলোচনা করেছি। ধনী ব্যক্তির এক অদ্ভুত ক্ষমতা হল, সে একটি আইডিয়া অর্থাৎ ধারণাকে বি কোয়াড্রান্টে রূপান্তরিত করতে পারে। বইটিতে আরও জানানো হয়েছে কিভাবে ধনীরা ঐ গড়ে তোলা ব্যবসা (সম্পত্তি) অন্যান্য সম্পত্তিতে বিনিয়োগের জন্য ব্যবহার করে।

'রিচ ড্যাডস্ গাইড টু ইনভেস্টিং'-এ আমি আপনাদের জানিয়েছি কিভাবে আপনার ধারণাটি দিয়ে লক্ষ লক্ষ টাকা উপার্জন করতে পারেন অথবা বহু বিলিয়ন ডলারের ব্যবসা গড়ে তুলতে পারেন। যদিও কাজটা করা তেমন কঠিন নয়, তবে ব্যবসা গড়ে তোলা কতখানি খরচসাপেক্ষ তা আপনি বুঝতে পারবেন। আবার বলছি, শুধুমাত্র ডলার বা অন্য কোনো মুদ্রার ভিত্তিতে খরচের মূল্যায়ন করছি না।

তাই, 'বেশির ভাগ মানুষ বি কোয়াড্রান্টে ব্যবসা গড়ে তোলে না কেন?' প্রশ্নটির বিস্তারিত উত্তর আপনি *রিচ ড্যাডস্ গাইড টু ইনভেস্টিং'*-এ পাবেন। তবে এর সহজ উত্তরটি হল, 'এটি খরচসাপেক্ষ ও সহজ নয়।'

সাশ্রয়কর বি কোয়াড্রান্ট ব্যবসা

সুতরাং উপযোগিতা ৩ হ'ল – সহজসাধ্য দামে ও অনেক কম পরিশ্রমে নেটওয়ার্ক মার্কেটিং ব্যবসা আমাদের বি কোয়াড্রান্টে প্রবেশের সুযোগ প্রদান করে। যখন আমি নেটওয়ার্ক মার্কেটিং ব্যবসা ভালোমত পর্যবেক্ষণ করা শুরু করি, আমি দেখি যে আমার ধনবান বাবার পদ্ধতি এরাও অবলম্বন করে অর্থাৎ আগে থেকে ব্যবসা গড়ে তোলে তারপর যারা বি কোয়াড্রান্টে প্রবেশে ইচ্ছুক তাদের স্বাগত জানায়। আমি যে ক'টি নেটওয়ার্ক মার্কেটিং ব্যবসা পরীক্ষা করে দেখি তাদের মধ্যে বেশির ভাগ ইতিমধ্যে বি কোয়াড্রান্ট ব্যবসা গড়ে তোলার জন্য অর্থ ও সময় বিনিয়োগ করেছে। আপনাকে মাত্র কয়েক ডলার, হয়ত $ ৫০১-এরও কম বিনিয়োগ করতে হবে এবং তৎক্ষণাৎ আপনার ব্যবসা শুরু হয়ে যাবে।

একবার ব্যবসায় প্রবেশের পর, আপনাকে শুধু পরিকল্পনা অনুসরণ করতে হবে এবং নিজের সুবিধামত গতিতে বি কোয়াড্রান্ট ব্যবসা গড়ে তুলতে হবে। এর চেয়ে বেশি আর কি চাই? যখন অতীতের কথা অর্থাৎ বি কোয়াড্রান্ট ব্যবসা গড়ে তোলার জন্য জ্ঞান, অভিজ্ঞতা ও বিদ্যাবুদ্ধি অর্জন করার কষ্টকর ও খরচসাপেক্ষ শিক্ষাপদ্ধতির দিনগুলির কথা মনে করি, তখন ভেবে অবাক হয়ে যাই। এখন যারা বি কোয়াড্রান্টে প্রবেশ করতে চায় তাদের জন্য নেটওয়ার্ক মার্কেটিং ইণ্ডাস্ট্রি ব্যাপারটা কত সহজ ও সুবিধাজনক করে দিয়েছে।

বি কোয়াড্রান্টে চিরকালই ধনীদের স্বতন্ত্র একাধিপত্য ছিল। বস্তুত, ই এবং এস কোয়াড্রান্টের মানুষ বি কোয়াড্রান্টের লোকেদের জন্য কাজ করে .... অথচ তাদের কখনও বি কোয়াড্রান্টের বিষয়ে জানানো হয় না। আমাদের স্কুলগুলির শিক্ষাব্যবস্থা আমাদের ই এবং এস কোয়াড্রান্টের জন্য সুদক্ষ করে তোলে অথচ বি কোয়াড্রান্ট ব্যবসা গড়ে তুলতে কি দরকার তা কখনই শেখায় না। এখন নেটওয়ার্ক মার্কেটিং ব্যবসা সেই প্রবেশদ্বার খুলে দিয়েছে। এর জন্য আপনাকে বিত্তবান হতে হবে না, অথবা দামী কলেজে শিক্ষালাভ করতে হবে না, যে শিক্ষা শুধুই ই এবং এস কোয়াড্রান্টের উপযুক্ত করে তোলার প্রশিক্ষণ দেয়। সম্পূর্ণ *কর্মক্ষেত্রে উন্মুক্ত প্রবেশাধিকার দিয়ে* নেটওয়ার্ক মার্কেটিং ব্যবস্থা এবং ইণ্ডাস্ট্রি খুবই

উপকার করেছে। যে এই ব্যবস্থা অনুসরণ করতে চায় এবং অত্যন্ত ধনীদের জগত .....
বি কোয়াড্রান্টে প্রবেশ করতে চায়, নেটওয়ার্ক মার্কেটিং ব্যবসা তাদের সকলের জন্য প্রচুর
অর্থোপার্জনের সুযোগ নিয়ে এসেছে।

অর্থ দিয়ে সাফল্যের মূল্যায়ন করা যায় না

এই অধ্যায়ের শুরুতে যে সাক্ষাৎকারের উল্লেখ করেছি সেখানে আরেকজন প্রশ্ন করেছিলেন,
'যদি নেটওয়ার্ক মার্কেটিং ব্যবসার সাহায্যে বি কোয়াড্রান্টে প্রবেশ এত সহজসাধ্য ও সস্তা
হয়, তাহলে বেশির ভাগ লোক শীর্ষে পৌঁছাতে পারে না কেন?'

ধন্যবাদ জানিয়ে উত্তরটা বলি, 'অল্পসংখ্যক কয়েকজন মাত্র নেটওয়ার্ক মার্কেটিং
ব্যবস্থার শীর্ষস্থানে পৌঁছায় একথা সত্যি নয়। প্রথাগত কর্পোরেট ব্যবস্থায় মাত্র একজন
কোম্পানির শীর্ষস্থানটিতে পৌঁছাতে পারে, তবে এই ব্যবস্থায় সকলেই শীর্ষস্থানটিতে পৌঁছাতে
পারে।' এরপর আমি তাকে বিস্তারিতভাবে বুঝিয়ে বলি যে, যদিও শীর্ষস্থানটি উন্মুক্ত, তা
সত্ত্বেও লোকেরা শীর্ষে পৌঁছাতে পারে না — কারণ তারা শীঘ্রই হতোদ্যম হয়ে পড়ে।

তিনি শুনে মাথা নাড়েন, কিছুক্ষণ চিন্তা করে আবার প্রশ্ন করেন, 'যদি শীর্ষস্থান
সকলের জন্য উন্মুক্ত হয় তাহলে লোকেরা সহজে হাল ছেড়ে দেয় কেন? শীর্ষের কাছাকাছি
পৌঁছে সরে যাওয়ার কারণ কি?'

'খুব ভালো প্রশ্ন', আমি উত্তর দিই। কিছুক্ষণ চিন্তা করে ধীরে ধীরে উত্তরটা দেওয়া
শুরু করি, 'নেটওয়ার্ক মার্কেটিং ব্যবসার শীর্ষস্থানে পৌঁছাতে না পারার বেশ কয়েকটি কারণ
আছে। আমি শুধু নিজস্ব মতামত ও নিজে যা বুঝেছি তা বলতে পারি।'

ঐ তরুণী প্রশ্ন করলেন, 'আপনি কি বুঝেছেন?'

নিজের চিন্তা-ভাবনাগুলি গুছিয়ে বলতে শুরু করি, 'বেশির ভাগ লোক অর্থোপার্জনের
জন্য এতে যোগ দেয়। প্রথম কয়েক মাস বা বছরের মধ্যে যথেষ্ট অর্থলাভ না হলে এরা
নিরুৎসাহ হয়ে ব্যবসা ছেড়ে দেয় ও নেটওয়ার্ক মার্কেটিং ইণ্ডাস্ট্রির দুর্নাম রটাতে শুরু করে।
অনেকে আবার প্রথম ব্যবসা ছেড়ে আরও লাভজনক পরিকল্পনার কোম্পানি খোঁজে।
চটজলদি কিছু অর্থোপার্জন করা এই ব্যবসায় অংশগ্রহণের একমাত্র উদ্দেশ্য হতে পারে না।'

'যদি অর্থের জন্য যোগদান করা না হয় তাহলে কিসের জন্য এই ব্যবসায় অংশ
নিতে বলবেন?' আমার ক্লাসে অপর একটি ছাত্র প্রশ্ন করল।

'দু'টি কারণে', জবাব দিই, '*প্রথম কারণ, নিজেকে সাহায্য করা, দ্বিতীয় কারণ
অন্যদের সাহায্য করা*। যদি শুধুমাত্র একটা কারণে এই ব্যবসায় যোগ দেন তাহলে এই
ব্যবস্থা আপনার জন্য কার্যকর হবে *না*।'

'একটা কারণ যথেষ্ট নয়?', আরেকটি ছাত্র প্রশ্ন করে, 'মানে, কি বলতে চাইছেন?'
ছোট ক্লাসটি নেটওয়ার্ক মার্কেটিং ইণ্ডাস্ট্রির কাজের ব্যাপারে আরও কৌতূহলী হয়ে উঠছিল।

‘নিশ্চয়ই’, আমি বলি, ‘প্রথম কারণ, নিজেকে সাহায্য করা অর্থাৎ প্রধানত কোয়াড্রান্ট বদলানোর জন্য আপনি এই ব্যবসায় অংশগ্রহণ করেন। আপনি ই বা এস কোয়াড্রান্ট থেকে বি কোয়াড্রান্টে যেতে চান।’

‘এটা করা এমন কঠিন কেন?’ এক তরুণ প্রশ্ন করেন, ‘আমার কাছে বিশ্ববিদ্যালয়ের ডিগ্রী আছে। আমার জন্য এই কাজটা তেমন কঠিন হবে কেন?’

‘আরেকটা ভাল প্রশ্ন’, উত্তর দিলাম। এই বইয়ের উপযোগিতা ১-এ যে বিষয়ে আলোচনা করেছি অর্থাৎ .... জীবন পরিবর্তনকারী ব্যবসা শিক্ষা সম্বন্ধে বিস্তারিতভাবে বোঝাতে শুরু করলাম। একথাও বললাম, কোয়াড্রান্ট বদলানোর জন্য সামগ্রিক পরিবর্তন অর্থাৎ মানসিক, অনুভূতিগত, শারীরিক ও আধ্যাত্মিক পরিবর্তন প্রয়োজন .... এবং এই পরিবর্তন আনতে কলেজের ডিগ্রির চেয়েও বেশি সময় লাগে। আরও ব্যাখ্যা করে বললাম, আমার ধনবান বাবা ত্রিশ বছর যাবৎ আমায় বি এবং আই কোয়াড্রান্টের লোকেদের মত চিন্তা-ভাবনা করতে শিখিয়েছেন, ঐ কোয়াড্রান্টে আরও স্মার্ট, কর্মদক্ষ হয়ে ওঠার জন্য এখনও আমি শিখছি। শেষে বলি, ‘তাই নেটওয়ার্ক মার্কেটিং কোম্পানির শিক্ষা পরিকল্পনা এদের পণ্য ও লাভের পরিকল্পনা থেকে অনেক বেশি গুরুত্বপূর্ণ।’

ঐ ছাত্রটি আবার প্রশ্ন করে, ‘এই পরিবর্তন এত দুঃসাধ্য কেন?’

‘অর্থ’, আমি দ্রুত উত্তর দিই, ‘অর্থই ব্যাপারটা কষ্টসাধ্য করে তোলে।’

‘কি বললেন?’ জোর গলায় প্রশ্ন তোলে আরেকজন ছাত্র, ‘ব্যবসা শুরু করতে যদি বেশি অর্থের প্রয়োজন না হয়, তাহলে অর্থ ব্যাপারটা কিভাবে কষ্টসাধ্য করে তোলে?’

‘কারণ, সত্যিকার ই এবং এস কোয়াড্রান্টের মানুষ শুধুই অর্থের জন্য কাজ করে। খাঁটি ই এবং এসের কেন্দ্রে রয়েছে অর্থ।’

‘বি আর আই-এর কেন্দ্রে কি আছে?’ এবার একটু রেগে প্রশ্ন করে ছাত্রটি, ‘আপনি বলতে চান এরা অর্থের জন্য কাজ করে না?’

‘এরা অর্থের জন্য কাজ করে তবে পদ্ধতিটা ভিন্ন’, শান্তভাবে উত্তর দিলাম, কারণ এই মুহূর্তে আমি কিছু গভীর মূল্যবোধের বিরুদ্ধে মতামত জানাচ্ছিলাম। যে কোনো মানুষের মূল মূল্যবোধে কোনোরকম আঘাত পড়লে স্বভাবতই সে ক্রুদ্ধ হয়ে ওঠে।

‘তাহলে বি অথবা আই কিসের জন্য পরিশ্রম করে?’ অপর এক ছাত্র, এক মধ্যবয়স্ক ব্যক্তি প্রশ্নটা জিজ্ঞাসা করলেন।

‘বি সম্পত্তি গড়ে তোলে বা সৃজন করে .... এক্ষেত্রে সে ব্যবসা গড়ে তুলছে। আই ঐ ব্যবসা অথবা সম্পত্তি বা সম্পূর্ণ ব্যবস্থায় বিনিয়োগ করে।’

‘দু’টির মধ্যে পার্থক্য কি?’ এক তরুণী প্রশ্ন করলেন।

আমি ধীর স্থিরভাবে উত্তর দিলাম, ‘কখনও কখনও বছরের পর বছর যাবৎ কিছুই অর্থোপার্জন করা যায় না, কখনও আবার একেবারেই অর্থোপার্জন করা সম্ভব হয় না।

অর্থলাভ না হলে প্রকৃত ই কোয়াড্রান্ট ও এস কোয়াড্রান্টের মানুষ কখনই বছরের পর বছর কাজ করবে না .... এবং কোনোরকম পারিশ্রমিক ছাড়া বছরের পর বছর তারা কঠোর পরিশ্রম করতে চাইবে না। এটা তাদের প্রধান মূল্যবোধের অনুরূপ নয়। বিপদের ঝুঁকি ও বিলম্বিত সন্তুষ্টি এদের বিক্ষুব্ধ করে তোলে।'

'বিলম্বিত সন্তুষ্টি?' তরুণীটি আবার প্রশ্ন করে, 'ঝুঁকির ভয়টা তো বুঝলাম, কিন্তু বিলম্বিত সন্তুষ্টির সঙ্গে অনুভূতির কি সম্পর্ক?'

'আরেকটা ভাল প্রশ্ন', আমি হেসে বললাম, 'ইমোশনাল ইনটেলিজেন্স অর্থাৎ অনুভূতিগত বুদ্ধিমত্তা সম্বন্ধে আপনি একটি গুরুত্বপূর্ণ প্রশ্ন করলেন!'

'ইমোশনাল ইনটেলিজেন্স?' যে ছাত্রটি নিজের কলেজের ডিগ্রীর কথা বলেছিল, সে প্রশ্ন করল, 'এটা কি প্রাতিষ্ঠানিক, বিদ্যাগত বুদ্ধিমত্তা থেকে ভিন্ন'।

'অবশ্যই ভিন্ন', আমি উত্তর দিই, 'সাধারণতঃ, প্রাতিষ্ঠানিক ও বিদ্যাগত বুদ্ধিমত্তাসম্পন্ন অথচ স্বল্প ইমোশনাল ইনটেলিজেন্স বিশিষ্ট ব্যক্তির তুলনায় পর্যাপ্ত ইমোশনাল ইনটেলিজেন্স সম্পন্ন ব্যক্তি বেশি সফল হয়। তাই প্রায়ই দেখা যায়, যারা স্কুলে খুব সফল ছাত্র তারা বাস্তব জগতে তেমন সফল হয় না, এর আংশিক কারণ ইমোশনাল ইনটেলিজেন্সের অভাব'।

কলেজের ডিগ্রীধারী ছাত্রটি হাত তুলল, 'তাই অধিকাংশ ছাত্র স্কুল পাশ করার পর তৎক্ষণাৎ ই কোয়াড্রান্টে মোটা বেতনের চাকরি খুঁজতে শুরু করে। অথচ বি কোয়াড্রান্টের ব্যক্তি তার বি কোয়াড্রান্ট ব্যবসা গড়ে তোলার জন্য অনেক বেশি সময় দেয় অথচ বছরের পর বছর হয়ত প্রতিদান পায় না। একেই কি বিলম্বিত সন্তুষ্টি বলে?'

সম্মতিসূচক মাথা নেড়ে বললাম, 'ঠিক তাই। যখন আমি ভিয়েতনাম থেকে ফিরলাম, আমার যে সব বন্ধু ও সহপাঠিরা সেনাবাহিনীতে যোগ দেয়নি তারা নিজেদের জীবিকায় অনেকখানি এগিয়ে গিয়েছিল। এরা মোটা মাইনের চাকরি করছিল। এদের পথ অনুসরণ না করে আমি আমার ধনবান বাবার সঙ্গে সময় কাটাতে শুরু করলাম, শিখলাম ব্যবসা গড়ে তোলার উপায়। এই সময় বেশ কয়েকবার আর্থিক দুর্দশার সম্মুখীন হতে হয়। ১৯৭৫ থেকে ১৯৮৫ পর্যন্ত কঠোর সংগ্রাম করেছি, বহুবার অসফল হয়েছি। এই সময় এমন এক পরিস্থিতির সম্মুখীন হতে হয় যে, তিন সপ্তাহ আমি ও আমার স্ত্রী গৃহহীন নিরাশ্রয় ছিলাম .... তা সত্ত্বেও আমরা ই বা এস কোয়াড্রান্টে ফেরত যাইনি। ১৯৮৬ থেকে সুদিন ফিরে আসে এবং ১৯৯৪ এ আমরা আর্থিক দায়ভার থেকে মুক্ত হয়ে যাই। ১৯৯৪ এ আমরা ব্যবসা থেকে অবসর নিই। তখন আমার বয়স ছিল ৪৭, আমার স্ত্রীর বয়স ৩৭। আমরা তখন মিলিয়নেয়ার হিসাবে সুপ্রতিষ্ঠিত, আমাদের অর্থ বিনিয়োগ করা হয়েছে এবং আমরা আর্থিক স্বাতন্ত্র্যের লক্ষ্যে পৌঁছে গিয়েছি। আমার সহপাঠিরা তখনও কাজ করছে, অনেকে বছরে $১,০০,০০০ থেকে $২,৫০,০০০ আয়ের স্বপ্ন দেখছে। একেই বলে বি কোয়াড্রান্টের কঠোর পরিশ্রম ও বিলম্বিত সন্তুষ্টির ক্ষমতা। পরের চাকরি করে কাজে নিরাপত্তার মোহ

ত্যাগ করে নিজস্ব ব্যবসা গড়ে তোলা। এখন আমরা বছরে কয়েক মিলিয়ন রোজগার করি অথচ পেশাগত পরিভাষায় আমরা আজও বেকার। আমরা শুধুই ব্যবসা গড়ে তোলা ও বিনিয়োগের জন্য কাজ করি।'

যে ছাত্রটি নিজের কলেজের ডিগ্রীর উল্লেখ করেছিল, সে হাত তুলল, 'আপনি বলছেন যে ইমোশনাল ইনটেলিজেন্স ও ব্যবসায় দক্ষতা অনেক বেশি শক্তিশালী ও কার্যকর শিক্ষাব্যবস্থা।'

সম্মতি জানিয়ে বললাম, 'নেটওয়ার্ক মার্কেটিং শিক্ষার বৈশিষ্ট্য হ'ল এরা আপনার ইমোশনাল ইনটেলিজেন্স বিকাশের সঙ্গে ব্যবসায় আপনার কর্মদক্ষতা বাড়ায়।'

'অথচ স্বল্পকালীন লাভের জন্য পরিশ্রম না করে বরঞ্চ দীর্ঘকালীন লাভের জন্য পরিশ্রম করা', আরেকজন ছাত্র বলে উঠল, 'বিলম্বিত সন্তুষ্টির অর্থ কি তাই বলতে চাইছেন?'

'যথার্থ বলেছেন,' আমি উত্তর দিলাম, 'ইমোশনাল ইনটেলিজেন্সের একটা সাম্প্রতিক অধ্যয়নে জানা গিয়েছে যে, যারা সন্তুষ্টি স্থগিত রাখতে পারে তারা প্রায়ই, যারা সন্তুষ্টি স্থগিত রাখতে পারে না তাদের তুলনায়, বেশী স্বচ্ছন্দ সফল জীবনযাপন করে।'

'তবে কি বিলম্বিত সন্তুষ্টির বিপরীত অর্থ আসক্তি?' তরুণীটি প্রশ্ন করলেন।

'সেটা একটা উদাহরণমাত্র', বলি আমি, 'আসক্ত ব্যক্তি বহির্জগতে উদ্দীপকের বিরুদ্ধে অনুভূতিগত প্রতিরোধক্ষমতাসম্পন্ন নয়। যাদের মদে আসক্তি তারা মাদকদ্রব্য দেখলে 'না' বলতে পারে না। অনুভূতি ও শারীরিক দিক দিয়ে তারা ঐ দ্রব্যটির প্রতি আকৃষ্ট, যদিও মনে মনে হয়ত নিজেকে বলছে, 'ওটা খাবে না'। সিগারেটের ব্যাপারেও এরকম দেখা যায়। যার সিগারেটের প্রতি আসক্তি তাকে যদি বলেন, 'সিগারেট খাবে না' বা 'সিগারেটে তোমার ও তোমার আশেপাশের মানুষের চরম ক্ষতি হতে পারে', সে হয়ত মনে মনে তা স্বীকার করে তবে আবেগ ও শরীরের তাগিদে সেই আসক্তি থেকে নিবৃত হতে পারে না। এরা সন্তুষ্টির চাহিদা বিলম্বিত করতে অক্ষম বা আসক্তির ব্যাপারে এদের মনোবলের অভাব আছে। যারা সন্তুষ্টির ইচ্ছাকে সাময়িকভাবে প্রশমিত করতে পারে না বা যারা আসক্ত তারা খাবার, যৌনক্ষুধা, মাদকদ্রব্য, টিভি ইত্যাদির ব্যাপারে নিরুপায়। আসক্তি বা সন্তুষ্টি স্বেচ্ছায় বিলম্বিত করতে না পারা ইমোশনাল ইনটেলিজেন্সের অভাবের প্রতীক।'

'অর্থেও আসক্তি হতে পারে কি?' আরেকজন ছাত্র প্রশ্ন করলেন।

'হ্যাঁ ... অনেকের ক্ষেত্রেই তা হয়। তা না হলে মানুষের অর্থের প্রতি গভীর আকর্ষণের মানসিকতা দেখা যায় কেন? লোকেরা সারাজীবন অপছন্দের চাকরি করে, যতখানি প্রয়োজন বা যতটা চাই তার কম আয় করে। জীবনটা অপচয় করে। অনেকে আবার অন্যের অর্থ কেড়ে নেয়, যা মস্তিষ্কবিকার ছাড়া আর কি! কেউ কেউ অর্থলোভে বিয়ে করে, আবার কেউ সারাজীবন অর্থ সঞ্চয় করে, অথচ অপচয়ের ভয়ে সুষ্ঠুভাবে জীবনযাপন করতে পারে না। আমার মতে এসবই মনোবিকারের লক্ষণ।'

'সুতরাং আপনার মতে এই অর্থের জন্যই মানুষের ই ও এস কোয়াড্রান্ট থেকে বি কোয়াড্রান্টে যাওয়া কঠিন হয়ে ওঠে। এই অর্থই তাদের নেটওয়ার্ক মার্কেটিং-এর ব্যবসার শীর্ষে পৌঁছাতে দেয় না। বছরখানেক বা দু'এক বছরে অর্থলাভ না হলে এরা হতাশ হয়ে সরে পড়ে, মানসিক, অনুভূতিগত, শারীরিক বা আধ্যাত্মিকভাবে কোয়াড্রান্ট পরিবর্তনের চেষ্টা করে না,' তরুণীটি সংক্ষেপে বললেন। 'এরা কোয়াড্রান্ট বদলের চেয়ে অর্থোপার্জনে বেশি আগ্রহী।'

'সত্যি কথা', উৎসাহিত হয়ে বললাম, 'এমন সুন্দরভাবে হয়ত আমি নিজে বোঝাতে পারতাম না। সবাই হয়ত এ বিষয়ে একমত নয়, আশাও করছি না যে সবই একমত হবে, এটা একান্তই আমার নিজস্ব মন্তব্য।'

'তাই আপনি মনে করেন নেটওয়ার্ক মার্কেটিং কোম্পানির শিক্ষা ব্যবস্থা অত্যন্ত গুরুত্বপূর্ণ। এদের কর্মসূচির অনুভূতিগত শিক্ষা বা ইমোশনাল ইনটেলিজেন্স আপনার সবচেয়ে বেশি পছন্দ।'

"ঠিক বলেছেন", উত্তর দিলাম, "আমার স্কুলশিক্ষক বাবা সারা জীবন চাকরিতে নিরাপত্তা খুঁজেছেন এবং বিলের খরচ মেটানোর জন্য বেতনের অপেক্ষায় থেকেছেন। এগুলিতে কোনোরকম ব্যাঘাত ঘটলে তিনি স্বাভাবিকভাবেই দুশ্চিন্তাগ্রস্ত হয়ে পড়তেন। উনি রেগে বলতেন, 'টাকাপয়সা খুব জরুরি। বিল ভরতে টাকা চাই। পরিশ্রম করব অথচ অর্থলাভ হবে না, এটা কেমন কথা।"

'ওঁর দাতব্য ক্রিয়াকলাপে আস্থা ছিল?' আরেকজন ছাত্র প্রশ্ন করল।

'হ্যাঁ, তা ছিল, তাছাড়া উনি সময় দানে বিশ্বাস করতেন, আমার দুই বাবাই খুব উদার মনোভাবাপন্ন ছিলেন। তবে একটি বিষয়ে লক্ষ্য রাখবেন, দাতব্য কাজকর্ম ও সময়দান থেকে ব্যবসা গড়ে তোলা ও বিলম্বিত আর্থিক পারিতোষিক সম্পূর্ণ ভিন্ন।'

আরেকটি ছাত্রের প্রশ্ন আসে, 'আপনি বলছেন আপনার বাবার পে-চেক বা বেতনের প্রতি আসক্তি ছিল?'

'হ্যাঁ,' বলি আমি, 'অর্থাভাবের ভয়েই আমার নির্ধন বাবা চাকরির নিরাপত্তা ও ই কোয়াড্রান্টে পে-চেকের নিশ্চয়তার প্রয়োজন অনুভব করতেন, আমার ধনবান বাবার মত বি কোয়াড্রান্টে ব্যবসা গড়ে তোলায় সময় কাটানোয় তার আস্থা ছিল না।'

কলেজের স্নাতক হাত তুলল, সে প্রশ্ন করেছিল, 'ব্যক্তিবিশেষের অনুভূতি কোয়াড্রান্টে প্রভেদ আনে, তার প্রাতিষ্ঠানিক শিক্ষানবিশি না, এ কথাটাই বলতে চাইছেন তো?'

'হ্যাঁ, সাম্প্রতিক ইতিহাসে যদি বি এবং আই কোয়াড্রান্টে কয়েকজন প্রথিতযশা ব্যক্তি যেমন ফোর্ড মোটর কোম্পানির স্থপতি হেনরি ফোর্ড; জেনারেল ইলেকট্রিকের প্রতিষ্ঠাতা টমাস এডিসন; সি.এন.এন-এর সৃষ্টিকারক টেড টার্নার; মাইক্রোসফটের প্রতিষ্ঠাতা বিল গেটস্ ও ডেল কমপিউটারের সৃষ্টিকর্তা মাইকেল ডেল-এর জীবনী দেখেন, এরা

সকলেই প্রচুর অর্থবান এবং এদের মধ্যে কেউই স্কুলের পড়াশোনার গণ্ডি পার হতে পারেননি; এদের কারুর কাছেই কলেজের ডিগ্রী ছিল না।'

'আপনি কি বলতে চাইছেন স্কুলে পড়াশোনা করার প্রয়োজন নেই?' কলেজের পাশ করা ছেলেটি চ্যালেঞ্জ ছুঁড়ল।

'না ...... তা নয়। আজকাল আনুষ্ঠানিক শিক্ষা খুবই জরুরি। আমি শুধু বলতে চাই, যারা বিল গেটস্ বা মাইকেল ডেল অথবা বডিশপের প্রখ্যাত অ্যানিটা রডিকের মত ব্যবসাসম্রাট হয়ে উঠতে চান, তাদের জন্য বহু নেটওয়ার্ক মার্কেটিং কোম্পানির বিশেষ প্রশিক্ষণ প্রণালী রয়েছে যা প্রথাগত শিক্ষাব্যবস্থায় পাওয়া যায় না। এরা বি এবং আই কোয়াড্রান্টের প্রয়োজনীয় মানসিক, অনুভূতিগত, শারীরিক ও আধ্যাত্মিক শিক্ষা দেয়।'

বি কোয়াড্রান্টে ব্যবসা গড়ে তুলতে কত অর্থব্যয় করতে হয়?

চার্চের ক্লাসটি তখন প্রায় শেষ হয়ে এসেছে। আমার কাছে আরও আধ ঘণ্টা ছিল, শ্রোতাদের প্রশ্ন জিজ্ঞাসা করতে বললাম।

'তা, বি কোয়াড্রান্টে ব্যবসা গড়ে তুলতে কত খরচ পড়ে?' আরেকজন প্রশ্ন করলেন, 'ধরুন, আমি নেটওয়ার্ক মার্কেটিং-এর পথ অনুসরণ না করে নিজে বি কোয়াড্রান্ট কোম্পানি খুলতে চাই, তাহলে কত খরচ পড়বে?'

কিছুক্ষণ চিন্তা করে বললাম, 'কমপক্ষে পাঁচ বছরের পরিশ্রম ও পাঁচ মিলিয়ন ডলার লাগবে। তবে এতে ভাগ্য, বাজার পরিস্থিতি, অভিজ্ঞতা, শিক্ষা, দক্ষতা ও সঠিক সময়জ্ঞান অন্তর্ভুক্ত নয়।'

'আমার হাতে পাঁচ বছর সময় তো আছে, পাঁচ মিলিয়ন ডলার নেই। কোথেকে তা পাব?' অংশগ্রহণকারী ব্যক্তি প্রশ্ন করল।

'নানা ভাবে পেতে পারেন,' আমি বললাম, 'তবে তা ঐ বি ও আই কোয়াড্রান্টে শিক্ষার অংশ। আবার একটা কথা মনে করিয়ে দিই।'

'কি?' প্রশ্নকর্তা বললেন।

'*অর্থের বিষয়টা* বেশির ভাগ লোকের জন্য বাধা সৃষ্টি করে। আমি শুনতে পাচ্ছি আপনার মন ও অনুভূতি আঁতকে উঠছে 'পাঁচ মিলিয়ন ডলার!' খানিকক্ষণ থেমে ঘরের চারিদিকে তাকিয়ে দেখলাম, সকলের চোখে ঐ একই প্রশ্ন। 'তাই নয় কি?' প্রশ্ন করলাম, 'অর্থই এখানে বাধা সৃষ্টি করছে।'

কয়েকজন মাথা নেড়ে সম্মতি জানাল। কেউ কেউ আবার তীক্ষ্ণ দৃষ্টিতে তাকালেন আমার দিকে। শেষে যারা সম্মতি জানিয়েছিলেন তাদের মধ্যেই এক ভদ্রলোক সাহস করে বলে উঠলেন, 'আপনি বলছেন অর্থের প্রয়োজন আমাদের ই এবং এস কোয়াড্রান্টে আটকে রেখেছে? অথচ অর্থের প্রয়োজন আপনাকে কোনোমতেই বাধা দিতে পারে না?'

আমি সম্মতি জানালাম। কিছুক্ষণ থেমে শান্তভাবে বললাম, 'তাই নেটওয়ার্ক মার্কেটিং শিক্ষা-ব্যবস্থা থেকে লাভবান হতে বলছি। আমার ধনবান বাবা যে পাঠগুলি শিখিয়েছিলেন তার মধ্যে একটি গুরুত্বপূর্ণ বিষয় ছিল, জীবনে যা পেতে চাও তার পথে অর্থাভাব যেন কোনোরকম বাধা সৃষ্টি না করে। যদি এই উপায়টা শিখে নিতে পারেন তাহলে আসক্তির প্রবল আকর্ষণ থেকে মুক্তি পাবেন, যে আকর্ষণ শক্তি বেশির ভাগ মানুষের জীবন নিয়ন্ত্রণ করে।'

'অর্থাৎ অর্থাভাব সত্ত্বেও ব্যবসা করার জন্য পাঁচ মিলিয়ন ডলার সংগ্রহ করা যায়?'

'আমি নিজে বেশ ক'বার তা করে দেখেছি। বস্তুত এখন আমি তাই করি। তফাৎ শুধু এই যে, এর জন্য আমার ধনবান বাবার কাছে প্রশিক্ষণ পেয়েছিলাম। যদি আপনারা জীবনের দশ থেকে কুড়ি বছর বিনিয়োগ করে, কয়েক মিলিয়ন ডলারের ঝুঁকি নিয়ে তা করতে চান, করে দেখুন। প্রথম থেকেই শুরু করুন। তবে যদি দৈনন্দিন চাকরি বজায় রেখে, অবসর সময়ে অনেক কম সময় ও অর্থ বিনিয়োগ করে তা শিখতে চান, তাহলে এমন একটি নেটওয়ার্ক মার্কেটিং কোম্পানি খুঁজে বার করুন যারা আপনাকে বি ও আই কোয়াড্রান্টের মানুষের মত চিন্তা-ভাবনা করতে শেখাবে।'

আপনি আমার পথপ্রদর্শক হবেন?

আমার নোট ইত্যাদি নিয়ে ক্লাশ থেকে বেরিয়ে যাচ্ছিলাম, হঠাৎ একজন প্রশ্ন করলেন, 'আপনার কোম্পানিতে আমায় একটা চাকরি দেবেন, তাহলে আপনাকে আমার পথপ্রদর্শক হিসাবে পাবো?'

নোটগুলি নামিয়ে রাখলাম। নিজের অনুভূতি যতটা সম্ভব নিয়ন্ত্রণ করে চুপ করে ছিলাম। একবার সিলিং-এর দিকে তাকিয়ে, তারপর উত্তরটা দিলাম। ক্লাসের সকলেই অস্বাভাবিক রকমের চুপচাপ হয়ে গিয়েছে, সকলেই বুঝেছে প্রশ্নটা আমার মনঃপুত হয়নি। "অনেকেই আমাকে চিঠি লিখে জানান, 'আপনার বই *রিচ ড্যাড পুওর ড্যাড* পড়ে খুব ভাল লেগেছে।' এরপর তিনি বলেন, 'আমার মাথায় একটি পরিকল্পনা আছে। আমাকে যদি ১০০০ ডলার দেন তাহলে পরিকল্পনাটা আপনাকে জানাতে পারি, আপনি ও আমি ব্যবসায় অংশীদার হয়ে যাব।' অথবা তারা চিঠি লিখে এই ভদ্রলোকের মতই ইচ্ছা প্রকাশ করেন, 'আমাকে একটা চাকরি দিন, আপনার সঙ্গে সময় কাটাবার সুযোগ পাব, আপনি আমার দীক্ষাগুরু হবেন। যে অংশীদার ১০০০ ডলার চাইছে তাকে ঐ অর্থ প্রদান করতে আপত্তি কোথায়, যে চাকরি চায় তার পথপ্রদর্শক হতে কোথায় অসুবিধা?" দলটিকে প্রশ্ন করলাম।

দলটি বেশ কিছুক্ষণ চুপ করে ছিল, আমার প্রশ্নটা চিন্তা করে দেখছিল। শেষে এক সাহসী ভদ্রলোক হাত তুললেন, বললেন, 'কারুর বুদ্ধি বা পরিকল্পনার জন্য অর্থব্যয় করতে আপত্তি কোথায়?'

'ভাল প্রশ্ন,' বললাম, 'প্রথমত, অনেকরকম পরিকল্পনা বা বুদ্ধি থাকতে পারে। আমার পরিচিত সকলের কাছেই লক্ষ লক্ষ টাকার পরিকল্পনা আছে। সমস্যাটা হ'ল ঐ পরিকল্পনা কাজে পরিণত করে লক্ষ লক্ষ টাকা উপার্জনের পথ কিন্তু কেউ জানে না। তা সত্ত্বেও, ঐ ব্যক্তিকে তাঁর নতুন পরিকল্পনার জন্য ১০০০ ডলার দেব না, কেন?'

গ্র্যাজুয়েট ছেলেটি এবার হাত তুলল, 'কারণ, আপনি তার অংশীদার হতে চান না।'

'ঠিক তাই', আমি বললাম, 'যাদের অর্থের প্রয়োজন আছে তাদের অংশীদার হতে চাই না। যারা আগেই অর্থ দাবি করে তারা সাধারণত ই ও এস কোয়াড্র্যান্টের মানুষ। যারা ই বা এস তাদের আর্থিক সাহায্য করতে আমি রাজি তবে যারা বি ও আই-এ আমার অংশীদার হতে চায়, তাদের আমি আর্থিক সাহায্য দেব না।'

'এটা তো অন্যায় কথা,' জোর গলায় বলে উঠলেন আরেকজন, 'কেউ কিছু যোগদান করলে তার পারিশ্রমিক দিতে হয় বৈকি!'

'মানছি', আমি উত্তর দিলাম, 'তবে প্রশ্ন হল — অর্থটা কখন পাবে। দেখুন, ই ও এস-কে প্রথমেই পারিশ্রমিক দিতে হয়, কারণ তারা গ্যারান্টি বা নিরাপত্তা চায়। সত্যিকার বি ও আই ব্যক্তি তখনই পারিশ্রমিক পাবে যখন তার ব্যবসা গড়ে উঠবে ও সে সফল হবে।'

চিন্তা করার জন্য কিছুটা সময় দিয়ে, ধীরে ধীরে আমার চূড়ান্ত মতামত জানালাম, 'দেখুন, অনেকেই চিঠি লিখে জানায় যে আমার বই *রিচ ড্যাড পুওর ড্যাড* তাদের খুব ভাল লেগেছে। তবে দুর্ভাগ্যবশত বইটির সবচেয়ে জরুরি বিষয়টি অনেকেরই বোধগম্য হয় না। সবচেয়ে গুরুত্বপূর্ণ বিষয়টি আমার ধনবান বাবার এক নম্বর পাঠে উল্লেখ করা হয়েছে। প্রথম পাঠ কার মনে আছে?'

আবার সব চুপচাপ। শেষে এক অংশগ্রহণকারী বই বার করে প্রথম পাঠ দেখলেন। ৬টি অধ্যায়ের প্রথম অধ্যায় 'ধনীরা অর্থের জন্য কাজ করে না'।

সম্মতি জানালাম, 'আপনাদের কি মনে পড়ে আমি দশ সেন্টের পারিশ্রমিকে কাজ করেছি? কখনও বেতন বাড়ানোর জন্য আবেদন করেছি? আপনাদের কি মনে পড়ে আমার ধনবান বাবা ঘণ্টায় দশ সেন্টের পারিশ্রমিক নিয়ে বলেছিলেন বিনা পারিশ্রমিকে কাজ করতে?'

অনেকেই মাথা নাড়লেন।

'তবে, অর্থের জন্য কাজ না করলে, কিসের জন্য কাজ করব?' একজন প্রশ্ন করলেন।

'সম্পত্তি গড়ে তোলার জন্য কাজ করব, যা বি কোয়াড্র্যান্টের মানুষ করে, অথবা আই কোয়াড্র্যান্টের মানুষের মত সম্পত্তি সংগ্রহের কাজ করব। একবার যথেষ্ট সম্পত্তি পেয়ে গেলে সেই সম্পত্তি আমার জন্য পরিশ্রম করবে, অর্থোপার্জন করবে ... শুধুই অর্থের জন্য আমি পরিশ্রম করব না। আমার সম্পত্তি চাই। তাই আমি শুধু সম্পত্তি গড়ে

তোলা ও কেনার জন্য কাজ করি .... যে সম্পত্তি অল্প পরিশ্রমে আমাকে আরও ধনী, আরও বিত্তবান করে তোলেন। ধনীরা তো তাই করেন, অথচ গরিব ও মধ্যবিত্তরা শুধু অর্থের জন্য কঠোর পরিশ্রম করে, তারপর সেই *অর্থ সম্পত্তিতে* *বিনিয়োগ* না করে শুধু দায়বৃদ্ধি করে।

'নেটওয়ার্ক মার্কেটিং ব্যবসা কি ধরণের সম্পত্তি?' এক তরুণী প্রশ্ন করলেন।

'অশেষ ধন্যবাদ', জোরে বলে উঠলাম, 'মনে করিয়ে দেওয়ার জন্য ধন্যবাদ। যা বলতে শুরু করেছিলাম তা তো ভুলেই বসেছিলাম। আপনাদের কি মনে আছে, আমি বলেছিলাম সফল নেটওয়ার্ক মার্কেটিং ব্যবসার জন্য দু'টি জিনিস প্রয়োজন।'

ক্লাসের সকলেই জানালেন যে, তাদের মনে আছে।

'প্রথম প্রয়োজন বলেছিলাম — নিজেকে সাহায্য করার জন্য, তাই তো?' আমি প্রশ্ন করলাম।

'কোয়াড্রান্টের বি দিকটায় পৌঁছানোর জন্য নিজেকে সাহায্য করা, তাই না?' একজন প্রশ্ন করলেন।

'ঠিক তাই', আমি উত্তর দিই, 'আর, দ্বিতীয় প্রয়োজন কি?'

'অন্যদের সাহায্য করা,' একসঙ্গে বলে উঠলেন অনেকে।

'অন্যদের কিসে সাহায্য করা?' জিজ্ঞাসা করলাম।

কিছুক্ষণ সব চুপচাপ। শেষে একজন সাহস করে বলে উঠল, 'অর্থোপার্জনের জন্য অন্যদের সাহায্য করা?'

হেসে সম্মতি জানালাম, 'আবার অর্থের বিষয়ে আলোচনায় ফিরে আসছি। অধিকাংশ নেটওয়ার্ক মার্কেটিং ব্যবস্থার বৈশিষ্ট্য হল — যতক্ষণ আপনি অন্যদের ই এবং এস কোয়াড্রান্ট থেকে বি ও আই কোয়াড্রান্টে আসায় ও সফল হওয়ায় সাহায্য করবেন না ততক্ষণ আপনার নিজের যথেষ্ট অর্থলাভ হবে না। যদি অপরকে সাহায্য করার ব্যাপারে লক্ষ্য রাখেন তাহলে আপনি ব্যবসায় সফল হবেন। কিন্তু যদি শুধুই নিজেকে বি ও আই কোয়াড্রান্টের উপযুক্ত করে তুলতে চান, তাহলে খাঁটি নেটওয়ার্ক মার্কেটিং ব্যবস্থা আপনাকে সাহায্য করতে পারবে না। এর চেয়ে বরং পুরোনো বিজনেস স্কুল-এ যান, তাঁরা আপনাকে বি কোয়াড্রান্টভুক্ত করে তুলতে সাহায্য করবেন।'

'অর্থাৎ, আমি যদি নেটওয়ার্ক মার্কেটিং ব্যবসায় যোগ দিই, আমার কর্তব্য হবে বি ও আই কোয়াড্রান্টে পৌঁছানো ও অপরকে সেই কোয়াড্রান্টে পৌছতে সাহায্য করা, তাই তো?'

'যতক্ষণ না দু'টি দায়িত্বের প্রতি সমান মনোযোগ দেবেন ততক্ষণ এই ব্যবস্থা আপনাকে সাহায্য করতে পারবে না। নেটওয়ার্ক মার্কেটিং ব্যবস্থার বৈশিষ্ট্য হল — আপনি সম্পত্তি লাভ করতে চাইবেন অর্থাৎ অন্যান্য বি-এরা আপনার অধীনে কাজ করবে, আবার আরও

কিছু বি, ঐ বি-এদের নিচে কাজ করবে। পুরোনো ব্যবসায় বি-এর অধীনে শুধুই ই এবং এস-রা কাজ করে,' আমি বললাম।

কলেজের গ্র্যাজুয়েটটি আরও বলল, 'অর্থাৎ পুরানো কর্পোরেট ব্যবস্থা পিরামিডের মত। কারণ শীর্ষে খুব অল্পসংখ্যক বি ও আই আছে, অথচ নিচে বেশ কিছু ই ও এস আছে। নেটওয়ার্ক মার্কেটিং ব্যবস্থা সম্পূর্ণ উল্টো, আরও বেশিসংখ্যক বি-দের শীর্ষে নিয়ে আসা এদের মৌলিক উদ্দেশ্য।'

'অতি উত্তম', উত্তর দিই আমি, 'আমাকে যে ব্যবসার ব্যাপারে শেখানো হয়েছে সেখানে আমি শীর্ষে থাকব, ই ও এস নিচে থাকবে, আমার ব্যবসায় খুব বেশি বি-দের জায়গা নেই। তাই আমি চাই আমার ব্যবসার কর্মচারিরা আমার কাজে পূর্ণকালীন চাকরি বজায় রেখে নিজস্ব খণ্ডকালীন ব্যবসার জন্য নেটওয়ার্ক মার্কেটিং-এর সাহায্য নিয়ে অগ্রসর হোক।'

'আপনি নিজস্ব নেটওয়ার্ক মার্কেটিং কোম্পানি শুরু করছেন না কেন?' এক তরুণ প্রশ্নটা করলেন।

'সে কথা বিবেচনা করে দেখেছি, তবে আমি বুঝেছি যে নতুন সংগঠন গড়ে তোলার চেয়ে বর্তমানে উপস্থিত সংগঠনগুলিকে সাহায্য করা বেশি সহজ। আমি বার বার বলছি যদি নিজের ধ্যান-ধারণা ও পরিকল্পনার সাহায্যে নিজস্ব বি কোয়াড্রান্ট ব্যবসা গড়ে তুলতে চান তাহলে আমার বই *রিচ ড্যাডস্‌ গাইড টু ইনভেস্টিং* পড়ে দেখুন, বি কোয়াড্রান্ট ব্যবসা গড়ে তুলতে কি প্রয়োজন তা জেনে নিন। তারপর নির্ণয় করুন, আপনি আপনার কয়েক মিলিয়ন ডলারের পরিকল্পনা সত্যিই কয়েক শ' মিলিয়নে পরিবর্তন করতে আগ্রহী কি না। সেই বিকল্প তো রয়েছেই।'

আরেকজন অংশগ্রহণকারী হাত তুললেন, 'একটি পিরামিডের মূলদেশ মাটিতে এবং অপরটির মূলদেশ আকাশে, ঊর্ধ্বমুখী .... অনেকটা উল্টো পিরামিডের মত; যা আপনাকে এগিয়ে নিয়ে যাবে, নিচের দিকে টেনে আনবে না।'

'আমার ক্ষেত্রে তেমন ব্যবস্থাই কার্যকর হয়েছে,' আমি বলি, 'যা শুধু বিত্তবানদের আয়ত্তে ছিল, আজ নেটওয়ার্ক মার্কেটিং ব্যবসার সাহায্যে তা সকলের প্রাপ্তিসাধ্য, সবার জন্য উন্মুক্ত। এখন শুধু একটাই প্রশ্ন, 'আপনি কি সত্যিকার ধনী হতে চান?'

উপযোগিতা #৪ঃ ধনীরা যেখানে অর্থ বিনিয়োগ করে সেখানে বিনিয়োগের উপযোগিতা

'কোনোরকম অর্থব্যয় না করে কিভাবে ভূ-সম্পত্তি কেনা যায় বলতে পারেন কি?'

প্রশ্নটি আমায় এত বেশি শুনতে হয় যে আমার নিজেরই আশ্চর্য লাগে। আমি জানি এরকম বিনিয়োগও সম্ভব, তবে অবাক লাগে এতগুলি মানুষ এমন ইনভেস্টমেন্টের পথ খুঁজছে যেখানে অর্থের প্রয়োজন হয় না। লোকেরা *কোনোরকম ইনভেস্টমেন্ট ছাড়াই রিয়াল এস্টেটের ব্যবসায় আগ্রহী।* কারণ খুঁজতে গিয়ে দেখলাম এরা এরকম বিনিয়োগে আগ্রহী, কারণ এদের কাছে বিনিয়োগের উপযুক্ত অর্থ নেই।

আমাকে প্রায়ই জিজ্ঞাসা করা হয়, 'আমার কাছে ৫০,০০০ ডলার আছে, কিসে বিনিয়োগ করা যায় বলুন তো?'

আমার প্রথম প্রতিক্রিয়া হল —— 'আপনার কাছে বিনিয়োগের জন্য শুধু এতটুকুই অর্থ রয়েছে? অর্থাৎ এটি আপনার পুঁজির একশ' শতাংশ।'

এবং প্রায়ই উত্তর পাই, 'হ্যাঁ, এটা আমার যথাসর্বস্ব।'

যাদের অর্থভাব আছে ও ইনভেস্টমেন্টের জন্য যথেষ্ট অর্থ নেই, তাদের সচরাচর উত্তর দিই, 'আর্থিক পরিকল্পনাকারী অর্থাৎ ফিন্যানশিয়াল প্ল্যানারদের সঙ্গে দেখা করুন। দীর্ঘকালীন বিনিয়োগের পরিকল্পনা তৈরি করে নিন।' আমি বুঝিয়ে বলি, 'বিনিয়োগ একরকমের পরিকল্পনা। অর্থ বিনিয়োগের আগে পরিকল্পনায় বিনিয়োগ করা দরকার, তারপর সেই পরিকল্পনামাফিক এগিয়ে যেতে হবে।'

ধনীদের অর্থ-বিনিয়োগ ক্ষেত্র

প্রত্যেকটি শহরে বিত্তবান ধনীদের পাড়া, মধ্যবিত্তদের পাড়া ও দরিদ্রদের পাড়া রয়েছে; বিশ্বের সর্বত্র এমন শ্রেণীবিভাগ রয়েছে। ইনভেস্টমেন্ট অর্থাৎ বিনিয়োগের ক্ষেত্রেও এই শ্রেণীবিভাগ লক্ষণীয়।

আমি সকলকে নেটওয়ার্ক মার্কেটিং-এ যোগ দিতে বলি। কারণ, এই ব্যবসায় বিনিয়োগের ফলে কয়েকটি সুবিধা পাওয়া যায়। নেটওয়ার্ক মার্কেটিং ব্যবসায় সফল ব্যক্তি অতি ধনীদের বিনিয়োগ ক্ষেত্রগুলিতেও অর্থ বিনিয়োগ করতে পারে। ই এবং এস কোয়াড্রান্টের অধিকাংশ মানুষ যথেষ্ট অর্থোপার্জন করতে পারে না, তাই তারা ধনীদের বিনিয়োগ ক্ষেত্রে বিনিয়োগে অক্ষম।

আমেরিকান সিকিউরিটিস অ্যাণ্ড এক্সচেঞ্জ কমিশন, এস ই সির শর্তানুসারে ব্যক্তিবিশেষের বাৎসরিক আয় কমপক্ষে ২০০,০০০ ডলার, দুজনের বাৎসরিক উপার্জন ৩০০,০০০ ডলার এবং মোট উপার্জন ১,০০০,০০০ ডলারেরও বেশি হওয়া প্রয়োজন। একজন স্বীকৃতিপ্রাপ্ত বিনোয়গকারী অর্থাৎ অ্যাক্রেডিটেড ইনভেস্টার বিবেচিত হওয়া এবং ধনীদের ইনভেস্টমেন্ট ক্ষেত্রের যোগ্য মনোনীত হওয়ার জন্য এটা ন্যূনতম প্রয়োজনীয়তা। সমস্ত আমেরিকাবাসীদের চার শতাংশের কমসংখ্যক মানুষ এই শর্ত পূরণ করতে পারে। অর্থাৎ বিশ্বের সবচেয়ে লাভজনক ব্যবসায় মাত্র কয়েকজন বিনিয়োগের সুযোগ পায় ..... যে কারণে ধনীরা ক্রমশ আরো বিত্তবান হয়ে উঠেছে।

বিনিয়োগের দুটি কারণ

রিচ ড্যাড ধারাবাহিকের তৃতীয় বই *রিচ ড্যাডস গাইড টু ইনভেস্টিং*-এ আমি দুটি প্রাথমিক আর্থিক সমস্যার বিষয়ে আলোচনা করেছি .... যথেষ্ট অর্থের অভাব এবং অতিরিক্ত অর্থ। তাই বিনিয়োগেরও দুটি প্রধান কারণ রয়েছে যথা ঃ

১. যথেষ্ট অর্থের অভাববশত লোকেরা বিনিয়োগ করে।

২. *অতিরিক্ত অর্থ থাকায়* লোকেরা বিনিয়োগ করে।

বহু বছর আগে আমার ধনবান বাবা এই দুটি মৌলিক আর্থিক সমস্যার বিষয়ে আমার সঙ্গে আলোচনা করেছিলেন। তিনি বলেছিলেন, 'অর্থের সমস্যা সকলের ক্ষেত্রে প্রযোজ্য .... এমনকি ধনীদের ক্ষেত্রেও তা প্রযোজ্য। গরিব মানুষের সমস্যা হ'ল — তার কাছে যথেষ্ট অর্থ নেই, ধনবান ব্যক্তির সমস্যাটা অন্যরকম, তার কাছে রয়েছে প্রচুর অর্থ। বড় হয়ে তুমি কি ধরণের আর্থিক সমস্যা বেছে নিতে চাও?' অবশ্যই আমার পছন্দ ছিল অতিরিক্ত অর্থোপার্জন।

আমার ধনবান বাবা আরও বলতেন, 'যাদের পরিবারে অর্থাভাব থাকে তারা মনে

করে অর্থভাবই বুঝি একমাত্র সমস্যা।'

আমার ধনবান বাবা ও নির্ধন বাবা দুজনের ক্ষেত্রে দু'রকমের আর্থিক সমস্যা দেখেছি, এতে আমার সুবিধা হয়। আমার নির্ধন বাবা প্রায়ই বলতেন, 'আমার কাছে যথেষ্ট অর্থ নেই, থাকলে ইনভেস্ট করতাম।' আবার এদিকে আমার ধনবান বাবার মুখে শুনেছি, 'আমি অতিরিক্ত অর্থোপার্জন করছি, আরও কিছু ইনভেস্টমেন্টের উপায় খুঁজতে হবে, যদি অতিরিক্ত অর্থ ইনভেস্ট না করি, সরকার তা আয়কর হিসাবে আমার কাছ থেকে নিয়ে নেবে'।

আপনার কাছে অতিরিক্ত অর্থ আছে তাই বিনিয়োগ করবেন

কয়েকমাস আগের কথা, একটি নেটওয়ার্ক মার্কেটিং কোম্পানির কর্তা ব্যক্তি ও তাদের পরিবারদের আমি ইনভেস্ট করার বিষয়ে বোঝাচ্ছিলাম। ক্লাসে প্রায় ২০০ জন ছাত্র-ছাত্রী উপস্থিত ছিলেন। ব্যবসার নেতৃস্থানীয় ব্যক্তিরা দলটিকে বিনিয়োগের বিষয়ে শিক্ষা দেওয়ার জন্য আমাকে আমন্ত্রণ জানিয়েছিল। এদের অনেকেরই সমস্যা ছিল প্রয়োজনের *অতিরিক্ত অর্থ* যা এরা বিনিয়োগ না করে অপচয় করছিল। এদের একজন নেতা আমাকে বললেন, 'আমরা এদের খুব ভালোমত শিখিয়ে দিই বি কোয়াড্রান্টে কিভাবে সফল ব্যবসায়ী হয়ে ওঠা যায়, তবে ঐ অর্থ আই কোয়াড্রান্টে কিভাবে কাজে লাগানো যায় তা আমরা শেখাই না।'

দলটি যখন বুঝল বি এবং আই কোয়াড্রান্ট দুটির সুবিধা থেকে কিভাবে লাভবান ও ক্ষমতাসম্পন্ন হওয়া যায়, তাদের জন্য এক নতুন, সম্ভবনাময় জগতের দ্বার খুলে গেল। এদের মধ্যে অনেকেই ঐ জ্ঞানের আলোয় আলোকিত হয়ে কুবেরের ধন আবিষ্কার করল।

ক্লাসের সকালের সত্রটি ছিল সহজ সরল, নানা বিনিয়োগ কৌশলের সাধারণ বর্ণনাগুলি সকলের সামনে তুলে ধরি। এরপর তাদের আমার শিক্ষনীয় বোর্ড গেম ক্যাশফ্লো ১০১ খেলতে বলি। অনেকে ইতিমধ্যে ১০১ খেলায় সুদক্ষ হয়ে উঠেছেন, তারা খেললেন আরও উন্নত ইনভেস্টমেন্ট গেম ক্যাশফ্লো ২০২১।

খেলা শেষ হওয়ার পর, খেলোয়াড়রা যা শিখেছে সে বিষয়ে বোঝালাম ঘন্টাখানেক। বেশ প্রাণবন্ত জমজমাট আলাপ আলোচনা হয়। কয়েকটি মন্তব্যের উল্লেখ করছি :

১. 'আমার সম্পূর্ণ আর্থিক জীবন যেন চোখের সামনে ভেসে উঠল। আমি অর্থোপার্জন করি বটে তবে সবটাই খরচ করে দিই। এখন আমি গরিব মানুষের অর্থ পরিচালনার উপায়গুলি ছেড়ে ধনীর অর্থ ব্যবস্থাপনার পন্থাগুলি শিখলাম।'

২. 'আমার প্রয়োজন একটি ভালো অ্যাকাউন্ট্যান্ট। আমার এখনকার অ্যাকাউন্ট্যান্ট ভালো তবে ইনভেস্টমেন্টে সুদক্ষ না।'

৩. 'খেলাটা কঠিন ... তবে বাস্তব জীবনের প্রতীক। আমার বাস্তব জীবনটা যেভাবে কাটছে তা বদলাতে চাই, টাকা রোজগার করে উড়িয়ে দেওয়ার কোনও মানে হয় না। যা রোজগার করছি তা সদ্ব্যবহার করতে চাই।'

৪. 'আমি খুশী, শেষ পর্যন্ত কেউ আমায় শেখালো আমি অর্থের জন্য পরিশ্রম করব না বরং কিভাবে অর্থ আমার জন্য পরিশ্রম করবে। এই খেলা আমার জীবনটা পাল্টে দিয়েছে।'

৫. 'খেলাটা খুবই ভাল, আমার অতীত, বর্তমান, ভবিষ্যত সব দেখতে পেলাম .... আমার ভবিষ্যত এই বর্তমান ও অতীত থেকে সম্পূর্ণ ভিন্ন হবে।'

দুপুরের সত্রে আমরা আরো কিছু পরিকল্পনা ও রণকৌশল নিয়ে আলোচনা করলাম। ক্যাশফ্লো কোয়াড্রান্টে বি এবং আই কোয়াড্রান্ট দেখিয়ে বললাম, 'এবার আমরা আলোচনা করব, এই দুটি কোয়াড্রান্টের ক্ষমতা কিভাবে কাজে লাগানো যায়।'

একজন অংশগ্রহণকারী হাত তুলে বললেন, 'আপনি কি বলতে চান বিভিন্ন কোয়াড্রান্টের বিনিয়োগ কৌশল ভিন্ন?'

'নিশ্চয়ই', আমি বলি, 'বহু বছর আগে আমার ধনবান বাবা কোয়াড্রান্ট এঁকে চিহ্ন দিয়ে বুঝিয়েছিলেন, আমি এখন তা করে দেখাচ্ছি।'

'এই নকশার অর্থ কি?' ঐ অংশগ্রহণকারী আবার প্রশ্ন করেন।

'বিভিন্ন কোয়াড্রান্টের বিনিয়োগ-পদ্ধতি বোঝায় এই নকশা। যাঁরা ই কোয়াড্রান্টের মানুষ, তাঁরা সুরক্ষিত নিরাপদ চাকরি ও ভালো পেনশন পরিকল্পনায় আগ্রহী, তাই প্রায়ই তাঁরা নিরাপদ বিনিয়োগ চান। তাঁরা নিজেরা বিনিয়োগ করলে মিউচুয়াল ফাণ্ডে অর্থ বিনিয়োগ করেন। এরা প্রায়ই একাধিক বণ্টন, দীর্ঘকালীন বিনিয়োগ ও গড়পড়তায় ডলারের মূল্য ইত্যাদি শব্দ ব্যবহার করেন। আরেকটু বেশি রোমাঞ্চ চাইলে এঁরা হয়ত ক্যাসিনোতে যাবেন বা কয়েকটা লটারির টিকিট কাটবেন ...... তবে প্রধানত এঁরা সুরক্ষিত বিনিয়োগ করেন অথবা অন্তত তাই করার প্রত্যাশা রাখেন।'

'এবং এস কোয়াড্রান্টের বিনিয়োগ পদ্ধতি কি ভিন্ন?' আরেকজন জিজ্ঞাসা করলেন।

'সত্যিকার এস কোয়াড্রান্ট ইনভেস্টার অর্থাৎ স্ব-নিযুক্ত বা ছোট ব্যবসায়ী, আমার ভাষায় 'নিজের হাতে' বিনিয়োগে বিশ্বাসী। কর্মজগতের পরিশ্রমী কর্মী এঁরা, তাই তেমন তেমন ক্ষেত্রেই বিনিয়োগ করেন। যেমন, যদি তাঁরা রিয়্যাল এস্টেটে বিনিয়োগ করেন তাহলে তাঁরা 'ফিক্সার আপার'-এ ইনভেস্ট করেন .... কারণ তাঁরা সব কাজ নিজের হাতে করতে চান। এঁরা নতুন আবিষ্কারে আগ্রহী। এঁরা নিজেরাই রিয়্যাল এস্টেট পরিচালনা করতে, বিক্রি করতে চান, কারণ এঁরা অন্য কাউকে পারিশ্রমিক ও কমিশন দিতে চান না। ঐসব বাড়ির টয়লেট মেরামত করার দরকার হলে তাও নিজের হাতে করেন। এঁরা ডুপ্লেক্স (দু' ইউনিট) বা ফোর প্লেক্স (চারটি ভাড়ার ইউনিট)-এর বেশি বড় এস্টেটে কমই বিনিয়োগ

করেন। ৫০ ইউনিটের বেশি বিনিয়োগ এঁদের জন্য বিশাল বড় মাপের ইনভেস্টমেন্ট যা সম্পূর্ণ নিজের আয়ত্তে রাখা, বিশেষ করে টয়লেট মেরামত ইত্যাদির পক্ষে কষ্টসাধ্য। এঁরা যদি শেয়ার বাজারে অর্থাৎ সংভারে ইনভেস্ট করেন তাহলে নিজের হাতে কাজ করায় আগ্রহী এঁরা নিজেরা শেয়ার বিকল্পগুলি বিবেচনা করে অর্থ লগ্নী করে অথবা বাণিজ্য-সংক্রান্ত খবরের কাগজ পড়ে, টেলিভিশনে ইনভেস্টমেন্টের খবর শুনে নিজেরা শেয়ার বেছে নেন,' আমি বললাম।

'বি কোয়াড্রান্টের ব্যবসায়ী ও এস কোয়াড্রান্টের ব্যবসায়ীর বিনিয়োগ প্রণালীতে তফাৎটা কোথায়?' অরেকজন অংশগ্রহণকারী জিজ্ঞাসা করলেন। 'আমি আপনার কথায় খুশি নই তাই এই প্রশ্ন করছি।'

'এমন কি বলেছি যে আপনি রেগে গেলেন?' আমি জিজ্ঞাসা করি।

'কারণ, আমার কাছে ডুপ্লেক্স রয়েছে এবং টয়লেটও আমি নিজে মেরামত করি। বাণিজ্য-সংক্রান্ত খবরের কাগজ পড়ে ও টেলিভিশনে বাণিজ্যিক নেটওয়ার্ক দেখে শেয়ার কেনার চেষ্টা করি। আপনি এইমাত্র বললেন, আমি যদিও বি কোয়াড্রান্টভুক্ত তা সত্ত্বেও এস-এর মত বিনিয়োগ করছি।'

অতি-ধনীদের মত ইনভেস্ট করা

'হতে পারে' আমি হেসে বলি, 'অন্তত আপনি যথেষ্ট সক্রিয় ও বিনিয়োগ করছেন, তাছাড়া এস কোয়াড্রান্টের মানুষের মত ইনভেস্ট করা অন্যায় নয়। তবে আজ আমি আপনাকে বলছি, আপনার অতি-ধনীর মত বিনিয়োগের ক্ষমতা আছে ..... যেমন আপনার বি কোয়াড্রান্টে কাজ করার সাহস আছে।'

'আপনি বলছেন, এভাবে বিনিয়োগ করে আমি নিজের সময় নষ্ট করছি', তিনি মন্তব্য করলেন, ইনি স্বীকার করলেন যে ইনি এস কোয়াড্রান্টের ইনভেস্টার।

'সময়ের অপব্যয় করছেন বলা হয়ত ভুল ...... কারণ আপনি অভিজ্ঞতা অর্জন করছেন, তবে আপনি নিজের ক্ষমতা সম্পূর্ণ সদ্ব্যবহার করছেন না।'

'নিজের ক্ষমতার সদ্ব্যবহার বলতে কি বোঝাচ্ছেন?' আমারই বয়সী এক মহিলা ঘরের পেছনের সারিতে বসেছিলেন, তিনি এ প্রশ্নটা করলেন।

'নিজের চেষ্টায় অতি ধনী হয়ে ওঠা বিশ্বের অধিকাংশ মানুষ বি ও আই কোয়াড্রান্টের ক্ষমতা সঠিকভাবে প্রয়োগ করে বিত্তবান হয়ে উঠেছে।'

'আপনি বলছেন কয়েকজন মানুষ শুধুই বি কোয়াড্রান্টভুক্ত আবার কয়েকজন শুধুই আই কোয়াড্রান্টে রয়েছে?' ঐ ভদ্রমহিলা আবার প্রশ্ন করলেন।

'নিশ্চয়ই,' আমি উত্তর দিলাম, 'যেমন ই এবং এস-এ এমন মানুষ আছে যাঁরা শুধু একটি কোয়াড্রান্টের সদস্য। বস্তুত, নেটওয়ার্ক মার্কেটিং ব্যবসায় অনেকেই শুধু একটি

কোয়াড্রান্টে কাজ করছেন ..... তাই আমাকে আজ এখানে আমন্ত্রণ জানানো হয়েছে। কিভাবে উভয় কোয়াড্রান্টের ক্ষমতার সদ্ব্যবহার করা যায়, এ কথাটা বোঝানোর জন্যই আমাকে ডাকা হয়েছে।'

'আপনার মতে, আমরা আমাদের সম্পূর্ণ ক্ষমতার সদ্ব্যবহার করছি না?' ঐ মহিলা প্রশ্ন করলেন।

'হ্যাঁ। যদি আরও বেশিসংখ্যক মানুষ আপনাদের নেটওয়ার্ক মার্কেটিং ব্যবসার ও আই কোয়াড্রান্টের ক্ষমতা সম্বন্ধে বুঝতে পারত তাহলে আরও বেশি লোক এতে যোগ দিত। বি ও আই কোয়াড্রান্টের শক্তি দু'টি একত্র করে তবেই অতি-ধনীর ক্ষমতা আয়ত্তে আনা যায় ... এবং সেভাবেই অনেকে অতি-ধনী হয়ে উঠেছেন। আপনারা ব্যবসা গড়ে তোলার উপায়গুলি শেখান, মানুষ কিভাবে ধনী বা অতি-ধনী হয়ে উঠতে পারে তাও কিন্তু আপনারা শেখাতে পারেন।'

'অতি-ধনী বলতে কি বোঝাতে চাইছেন?' একজন জিজ্ঞাসা করলেন।

'অনেকেই মনে করেন, যে মানুষটি বছরে ১,৫০,০০০ ডলার আয় করেন এবং যার ৫ মিলিয়ন ডলারের পোর্টফোলিও বা অবসরগ্রহণ পরিকল্পনা আছে সেই বুঝি খুব ধনী। তবে *ফোর্বস্* ম্যাগাজিনের মতে, ধনীর অর্থ — যে ব্যক্তির বার্ষিক আয় ১ মিলিয়ন ডলার বা তার বেশি এবং সম্ভবত, যে কোনোরকম কাজ না করেই এই অর্থ উপার্জন করছে। আমার ধনবান বাবার মতে, অতি-ধনীর মাসে কমপক্ষে ১ মিলিয়ন ডলার বা তার বেশি আয় করা উচিত। তিনি নিজে ঐ ধনীদের শ্রেণীভুক্ত হতে পারেননি, তবে খুব কাছাকাছি ছিলেন। আমি ফোর্বসে-র ধনীদের শ্রেণীতে পৌঁছে গিয়েছি, এখন অতি-ধনীর শ্রেণীতে পৌঁছনোর চেষ্টা করছি। যদি আপনারা বি ও আই কোয়াড্রান্টের আর্থিক ক্ষমতা সঠিকভাবে কাজে লাগাতে পারেন তাহলে আপনারা সবাই অতি-ধনী হয়ে উঠবেন। আপনাদের জন্যই লেখা হয়েছে — *রিচ ড্যাডস্ গাইড টু ইনভেস্টিং*। ই ও এস কোয়াড্রান্টের অধিকাংশ ইনভেস্টারের কাছে এই ক্ষমতা নেই।'

সবাই চুপচাপ বসেছিলেন। কয়েক মিনিট পর এক সুদর্শন যুবক হাত তুললেন, জিজ্ঞাসা করলেন, 'আপনি কি বলতে চাইছেন সঠিক লোককে সঠিক কথাগুলি বলছি না আমরা?'

সম্মতি জানিয়ে বললাম, 'আমি প্রায়ই এমন লোক দেখি যারা চাকরির খোঁজে বা টাকা-কড়ির প্রয়োজনে এই ব্যবসায় যোগ দেয় ...... আপনাদের সংগঠন তাদের উৎসাহিত করে তোলে, তাদের আশা-ভরসা দেয় — তাদের নিজস্ব ব্যবসা গড়ে তুলতে সাহায্য করে, যা সত্যি প্রশংসনীয়। এ ব্যাপারে আপনাদের সংগঠন এক গুরুত্বপূর্ণ দায়িত্ব পালন করছে। তবে বেশির ভাগ সময় আপনারা এমন ব্যক্তির সঙ্গে কথা বলতে ভুলে যান যে হয়ত আর্থিকভাবে খুবই সফল তবে তার আয়ের ক্ষমতা সীমান্তে পৌঁছে গিয়েছে। অনেকে হয়ত

১,৫০, ০০০ ডলার থেকে ২,৫০,০০০ ডলার রোজগার করছেল অথচ তাদের মনে হচ্ছে তারা শীর্ষস্থানে পৌঁছে গিয়েছেল। এস কোয়াড্রান্টের অনেকেই এই শ্রেণীভুক্ত। এঁরা আরও বেশি আয় করতে পারছেন না, কারণ বি কোয়াড্রান্ট ব্যবসা যে শক্তি প্রদান করে তা এদের আয়ত্তে নেই।'

'এমন অনেকের সঙ্গেই আমাদের কথাবার্তা হয়, কেউ কেউ আমাদের দলে যোগদানও করেছেন,' নিজেদের আত্মরক্ষায় বলে উঠলেন একজন অংশগ্রহণকারী।

'আমি তা জানি, আমি আপনার বা আপনাদের প্রচেষ্টার নিন্দা করছি না, তবে আমি নিজের কথা বলছি — যখন এই ব্যবসায় আমাকে যোগ দিতে বলা হয় তখন আমাকে যা যা বলা হয়েছিল তাতে তেমন উৎসাহ বোধ করিনি। ইতিমধ্যেই আমি সফল ব্যবসা গড়ে তুলেছিলাম, মিলিয়নেয়ার হয়ে গিয়েছিলাম। যদি আমাকে বোঝানো হত যে অপরকে চাকরি দেওয়ার পরিবর্তে আমি তার ব্যবসা গড়ে তোলায় তাকে সাহায্য করতে পারব, তাহলে আমি আরও বেশি উৎসাহ পেতাম। সফল হয়ে ওঠায় অন্যদের সাহায্য করলে ব্যবসায় অতি-ধনী হয়ে ওঠা সহজ হয়।'

আবার সব চুপচাপ। শেষে সাহস সঞ্চয় করে এক মহিলা হাত তুললেন, প্রশ্ন করলেন, 'আপনি কি বলতে চাইছেন কোটিপতি বা মিলিয়নেয়ার হওয়া তেমন কঠিন নয়?'

আমি উত্তর দিলাম, 'তা বলতে পারেন।' আরও বললাম, 'মিলিয়নেয়ার হওয়া ভাল, তবে আজকাল তা অসাধারণ কিছু নয়। অনেক পেশাদার খেলোয়াড় যেমন ফুটবল খেলোয়াড় এখন মিলিয়নেয়ার। মিলিয়নেয়ার হয়ে ওঠার এখন নানা পথ রয়েছে, তবে অতি-ধনী হয়ে ওঠার পথ মাত্র কয়েকটি .... এবং আপনার কাছে সেই ক্ষমতা আছে।'

'তাহলে, কোন্ জিনিসটা নেই আমাদের কাছে?' যে মহিলাটি আগে প্রশ্ন করেছিলেন, তিনি আবার জিজ্ঞাসা করলেন।

'আপনার এই সংগঠনের কাছে এমন ক্ষমতা আছে যা মানুষকে মাইকেল ডেল-এর মত অতি-ধনবান করে তুলতে পারে।' আরেকবার নিজের বই – রিচ ড্যাডস্ গাইড টু ইনভেস্টিং হাতে তুলে ধরে বললাম, 'আপনাদের মত লোকেদের জন্য লিখেছি এই বই ..... যারা ধনী হতে চায় অথবা অতি-ধনী হওয়ায় আগ্রহী। তবে তার আগে আপনার বিশ্বাস করতে হবে এই ধনোপার্জন করা সম্ভব .... তবে সেজন্য দুটো কোয়াড্রান্টই ব্যবহার করতে হবে।'

'আমাদের বিশ্বাস করতে হবে অতখানি অর্থোপার্জন সম্ভব?' এক যুবতী প্রশ্ন করলেন।

মাথা নেড়ে বললাম, 'যদি আপনি তা বিশ্বাস না করেন, তার মানে আপনি তা মানতে অসম্মত, সুতরাং তা করা সম্ভব হবে না।'

'তা সম্ভব এ কথা বিশ্বাস করার জন্য কি করতে হবে?' ঐ তরুণী আবার জিজ্ঞাসা করলেন।

'শিখতে হবে। এই বইটি পড়ুন, বিশ্বাস করুন বইয়ে লেখা সবক'টি কথা আপনার দ্বারা করা সম্ভব .... যদি সঠিকভাবে পড়াশোনা করেন ও এই কাজে সম্পূর্ণভাবে মনোনিবেশ

করেন। অনেকে হয়ত বইটি পড়ে হতাশ হবেন। কারণ, অতি-ধনী হয়ে ওঠা তাদের জন্য অসম্ভব অলীক কল্পনা। আপনাদের কাছে যে আর্থিক শক্তি নিহিত আছে তা কিন্তু অনেকের কাছেই নেই।'

একজন প্রশ্ন করলেন, 'কেন?'

উদ্দেশ্যসাধনের ক্ষমতা

'আগেও বলেছি, আবার বলব, বেশির ভাগ ক্ষেত্রেই ই ও এস কোয়াড্রান্টের মানুষের মধ্যে ব্যবসার সবচেয়ে গুরুত্বপূর্ণ বিষয় ..... উদ্দেশ্যসাধনের ক্ষমতার অভাব দেখা যায়।'

'উদ্দেশ্যসাধনের ক্ষমতা-এর অর্থ কি?'

'উদ্দেশ্যসাধনের ক্ষমতার নানা অর্থ হতে পারে। এখানে আমি বলছি উদ্দেশ্যসাধনের ক্ষমতা মানে যৎসামান্য কাজ করে যথাসম্ভব বেশি অর্থোপার্জন করা। বেশির ভাগ ক্ষেত্রে ই ও এস কোয়াড্রান্টের লোকেদের বেশি আয়ের জন্য বেশি পরিশ্রম করতে হয়। সমস্যাটা হল, ই এবং এস কোয়াড্রান্টের লোকেরা যে পণ্য বিক্রি করছে তা হল তাদের নিজস্ব সময় .... যা সীমিত পণ্য। দিনে চব্বিশ ঘণ্টার বেশি হতে পারে না, ই এবং এস দিনে অতটাই আয় করতে পারেন।'

'আমরাও সবাইকে ঐ একই কথা বলি, তাহলে আপনার কথা আমাদের কথা থেকে কিভাবে ভিন্ন?' সুদর্শন যুবকটি প্রশ্ন করলেন।

'আপনাদের মধ্যে তিনজন আমাকে আপনাদের ব্যবসায় ডেকে নেওয়ার চেষ্টা করেছেন,' আমি উত্তর দিই, 'তিনজনকেই প্রশ্ন করেছিলাম --- কেন যোগদান করব, এবং আপনারা সবাই ভালমত বুঝিয়ে বলেন। তবে প্রত্যেকেই ব্যবসা গড়ে তোলার, প্রচুর অর্থলাভের কথা বলেন।

'এতে ভুল কোথায়?,' তরুণটির প্রশ্ন, 'তাই তো আমাদের কাজ। আপনার কাজ। তাই নয় কি?'

'হ্যাঁ, আমিও ব্যবসা গড়ে তুলি .... তবে শুধুই অর্থলাভের জন্য নয়। ব্যবসা একটি সম্পদ। ব্যবসা গড়ে তুলতে কঠোর পরিশ্রম করতে হয় আর আমি পরিশ্রম করতে ভালবাসি না। আমার হাওয়াইয়ে জন্ম, সেখানেই বড় হয়েছি। আমি খুবই অলস প্রকৃতির ও অবসর সময় আমার প্রিয়। সমুদ্রতটে বসে থাকা ও ঢেউয়ের ওপর সার্ফিং আমার পছন্দ। এগুলি করে আনন্দ পাই। তাই আমি শুধু ব্যবসা গড়ে তোলার জন্য কঠোর শ্রম করি। ই ও এস কোয়াড্রান্টে কাজ করতে আমি রাজি না .... কারণ আমি অলস।'

'আমি ঠিক বুঝলাম না,' তরুণটি ভাবলেন আমি তাকে খেপাচ্ছি। 'আপনি অলস, তাই ব্যবসা দাঁড় করানোর জন্য কঠোর পরিশ্রম করেন। মানেটা ঠিক বুঝলাম না।'

'মনে রাখবেন আমি সত্যিকার ব্যবসায়ী না, তাহলেই ব্যাপারটা স্পষ্ট হবে। আমি ইনভেস্টার এবং এই বিনিয়োগে যে জীবনশৈলী পাওয়া সম্ভব আমি তা সম্পূর্ণ উপভোগ করি।'

'অর্থাৎ একবার ব্যবসা গড়ে তোলার পর আপনি স্বাধীনভাবে রিয়্যাল এস্টেট, শেয়ার, বণ্ড ও অন্যান্য ব্যবসায় বিনিয়োগ করতে পারেন।' শান্তভাবে বলে উঠল ঐ তরুণ, 'ব্যবসা গড়ে তুলে আপনি ইনভেস্টার হিসাবে দুটি গুরুত্বপূর্ণ জিনিস হাতে পাচ্ছেন — সময় ও অর্থ।'

'প্রচুর সময় ও অর্থ', ধীরভাবে উত্তর দিই, 'আমি আমার সময় ডুপ্লেক্স কেনা, টয়লেট সারানো বা শেয়ার স্টক কেনায় অপচয় করি না। এগুলি তো এস অর্থাৎ ছোট ইনভেস্টারের ক্ষেত্র। অধিকাংশ ছোট ইনভেস্টাররা অর্থলাভের জন্য বিনিয়োগ করেন। এঁদের কাছে যথেষ্ট অর্থ নেই, তাই এঁরা বিনিয়োগের চেষ্টা করেন। আমার কাছে যেহেতু প্রচুর অর্থ রয়েছে তাই আমি বি কোয়াড্রান্ট থেকে বিনিয়োগ করি। যেহেতু আমার হাতে প্রচুর অর্থ তাই সরকার আমাকে এই অর্থ বিনিয়োগ করতে অথবা তা নাহলে কর দিতে বাধ্য করে। ই কোয়াড্রান্টের মানুষের কাছে খুব বেশি বিকল্প নেই। অর্থোপার্জনে আগেই সরকার তাদের আয় থেকে কর বাদ দিয়ে দেয় তাই তারা বিনিয়োগের তেমন সুযোগ পান না। যেহেতু আমার কাছে প্রচুর অর্থ আছে এবং কর দেওয়ার আগে বিনিয়োগের সুযোগ পাই, তাই আমি বড় বড় সম্পত্তি, স্টক ও অন্যান্য ব্যবসায় অর্থ বিনিয়োগ করি। আমি ব্যবসা গড়ে তুলি, যাতে শুধুই ধনীদের বিনিয়োগের ক্ষেত্রগুলিতে অর্থ লগ্নি করতে পারি। ... এভাবেই তো অতি-ধনী হওয়া সম্ভব।'

'আপনার বিনিয়োগের জন্য অর্থের প্রয়োজন তাই আপনি বি কোয়াড্রান্টে ব্যবসা গড়ে তোলায় আগ্রহী। তাই বলতে চাইছেন তো?'

'ঠিক তা নয়। প্রথমে তাই মনে হয়, তবে ব্যাপারটা আরেকটু জটিল, বুঝিয়ে বলি।' এর পর ক্যাশফ্লো কোয়াড্রান্টের নকশা এঁকে বললাম,

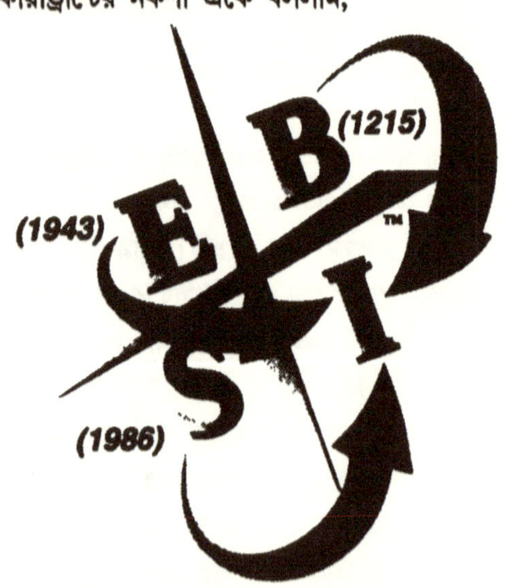

'আমার ধনবান বাবা এই নকশা দেখিয়ে যে গল্পটা বলেছিলেন তা আপনাদের কারুর মনে আছে কি?'

সবাই মাথা নাড়লেন।

'আর ১৯৪৩, ১৯৮৬, ১২১৫-র তারিখগুলির ব্যাপারে কারুর মনে আছে কি?'

'১২১৫ সালে ম্যাগনা কার্টায় স্বাক্ষর করা হয়,' এক অল্পবয়সী মহিলা বললেন, 'এই বছর ধনীরা ইংল্যণ্ডের রাজার হাত থেকে ক্ষমতাগুলি নিয়ে নিয়েছিল। তারপর থেকে ধনীরাই সব নিয়মকানুন তৈরি করে।'

'বেশ বলেছেন,' আমি বলি, 'তাই সুযোগ পেলে আমিও বি পক্ষ থেকে বিনিয়োগ করব, কারণ যেহেতু ব্যবসার মালিক বিনিয়োগের নিয়ম তৈরি করে, তাদের হাতের মুঠোয় সেরা নিয়মগুলি আছে। তারপর বলুন।'

'১৭৭৩ সালে বস্টন টি পার্টিতে কর-বিপ্লব ঘটে, যার ফলে আমেরিকার সূত্রপাত হয়। যেহেতু এটা নিঙর দেশ ছিল তাই আমেরিকার দ্রুত বিকাশ হয়। ১৯৪৩ সালে আইনে পরিবর্তনের পরিণামস্বরূপ সব আমেরিকাবাসীদের বেতন থেকে কর আদায় করা হয়। অর্থাৎ কর্মচারীরা পারিশ্রমিক হাতে পাওয়ার আগেই সরকারের আয় হয়।'

'ভাল বুঝেছেন,' আমি বলি, কর-প্রথার ইতিহাস সম্বন্ধে আমার আলোচনা এরা মনে রেখেছে জেনে আমি খুবই অবাক হলাম। 'যেহেতু সেসময় দ্বিতীয় বিশ্বযুদ্ধ চলছিল তাই কর দেওয়া দেশভক্তির কাজ মনে করা হ'ত .... তবে ই কোয়াড্রান্টের কর্মীরাই বেশির ভাগ কর দিত। কতখানি ও কখন কর দেবে তার ওপর এস এবং বি কোয়াড্রান্টের লোকের খানিকটা নিয়ন্ত্রণ ছিল।'

ঐ তরুণী আবার বললেন, '১৯৮৬-এ করের আইনে পরিবর্তন আনা হয় যার ফলে ডাক্তার, উকিল, ইঞ্জিনিয়ার, আর্কিটেক্ট অর্থাৎ স্থপতি, অ্যাকাউন্ট্যান্ট ও অন্যান্য পেশাদার অর্থাৎ এস কোয়াড্রান্টের লোকেদের উপর প্রতিকূল প্রভাব পড়ে। এতে মনে হয় ধনীরা নিজেদের কোয়াড্রান্ট সুরক্ষিত রাখার জন্য আবার নিয়মের পরিবর্তন করে। ধনীরা বি কোয়াড্রান্টে কাজ করে তাই তাদের বেশি আয় হয় অথচ কম কর দিতে হয়', ঐ তরুণী জানালেন।

বি কোয়াড্রান্টের সুবিধাগুলি আই কোয়াড্রান্টে আছে

'মনোযোগ সহকারে শোনার জন্য ধন্যবাদ', আমি বলি, 'এর চেয়ে ভালভাবে আমিও বোঝাতে পারতাম না। তাই এস কোয়াড্রান্টে ব্যবসা না করে আমি বি কোয়াড্রান্টে ব্যবসা গড়ে তুলেছি। তবে আসল কথা হ'ল শুধু বি কোয়াড্রান্টভুক্ত হওয়া যথেষ্ট নয়। এতে বি কোয়াড্রান্টের সম্পূর্ণ ক্ষমতা আয়ত্তে আসে না।'

'বি কোয়াড্রান্ট যথেষ্ট নয়?' অবাক হয়ে প্রশ্ন করলেন একজন।

'না', উত্তর দিলাম, 'হয়ত অনেকেই বি কোয়াড্রান্টে ব্যবসা প্রতিষ্ঠিত করেছে তবে তারা সকলে বি কোয়াড্রান্টের ক্ষমতা আয়ত্তে আনতে পারে না।'

'কেন?' ঐ একই ব্যক্তি আবার প্রশ্ন করলেন।

'কারণ বি কোয়াড্রান্টের সত্যিকার ক্ষমতা বি কোয়াড্রান্টে নয়, আই কোয়াড্রান্টে পাওয়া যায়,' আমি বলি।

ক্লাসের সকলেই চুপচাপ বসেছিলেন, হঠাৎ একজন প্রশ্ন করলেন, 'মানেটা কি তা একটু বুঝিয়ে বলবেন?'

'বলতে পারি', আমি বলি, 'তবে আজ আমার হাতে সেই আলোচনার জন্য যথেষ্ট সময় নেই। এখনকার মত মনে রাখবেন, আই-এর মাধ্যমে করের আইনগুলি বি কোয়াড্রান্টের সমর্থন করে।'

সবাই নিশ্চুপ, কয়েকজন অবশ্য উৎসাহিত ছিলেন, বাকিরা হতবাক হয়ে গিয়েছিলেন। আমার মনে হ'ল অনেকে বি কোয়াড্রান্টে ব্যবসার বাইরে আর কিছু চিন্তা করতে চান না। এক মহিলা হাত তুললেন, আমার চিন্তাধারাকে সত্য প্রমাণ করে বললেন, 'কিন্তু আমি যদি শুধুই ব্যবসা দাঁড় করাতে চাই? তারপরও কি আমাকে ইনভেস্ট করতে হবে?'

'না', আমি বলি, 'আজ হয়ত সম্পূর্ণ ব্যাপারটা বোঝা মনে হচ্ছে। তবে যখন আপনিও ধনীদের মত অতিরিক্ত আয় করবেন, আপনি নিজেকে ধন্যবাদ জানাবেন যে, কোনসময়ে বি কোয়াড্রান্টে কাজ করার সিদ্ধান্ত নিয়েছিলেন।'

'মানে, যখন অতিরিক্ত অর্থের সমস্যা দেখা দেয়?' আরেকজন জিজ্ঞাসা করলেন।

'হ্যাঁ, যখন অতিরিক্ত অর্থের সমস্যার সম্মুখীন হবেন তখন বুঝবেন বি কোয়াড্রান্টের ব্যবসা বেছে নেওয়াই সঠিক সিদ্ধান্ত ছিল। যখন সরকার আরও বেশি কর দাবি করবে তখন সেই কর না দিয়ে অর্থটা বৈধভাবে বিনিয়োগ করার উপায়গুলি আপনার জানা থাকবে, যদিও বা কর দিতে হয় তাহলেও কম দরে অথচ বৈধভাবে তা দিতে পারবেন। ফ্লিপ চার্টের নিম্নোক্ত নকশাটা বানালাম। এই উপায়গুলি অবলম্বন করেই ধনীরা সব সুবিধা থেকে লাভবান হয়।'

<table>
<tr><td align="center">কর্মচারি</td><td align="center">ব্যবসা</td></tr>
</table>

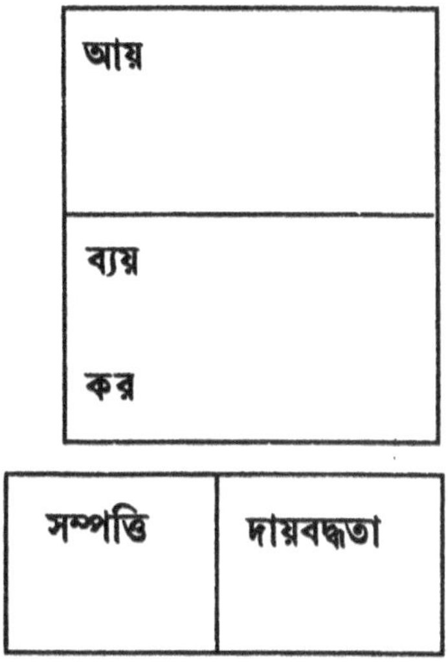

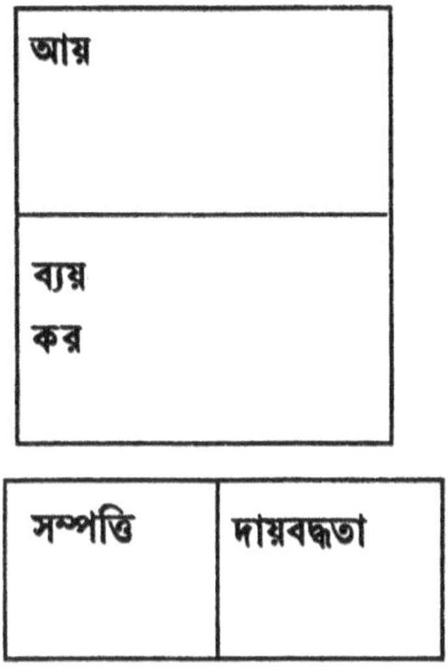 আয়
ব্যয়   কর

সম্পত্তি	দায়বদ্ধতা

আয়
ব্যয়   কর

সম্পত্তি	দায়বদ্ধতা

দলটিকে সম্বোধন করে আবার বললাম, ‘কর্মচারি ও ব্যবসার মালিকের আর্থিক বর্ণনায় বিশাল পার্থক্য রয়েছে। *রিচ ড্যাড পুওর ড্যাডে, ধনবান বাবার* অধ্যায়#২ এ আর্থিক সাক্ষরতার গুরুত্ব সম্বন্ধে আলোচনা করা হয়েছে। স্কুলে আর্থিক সাক্ষরতা শেখানো হয় না, আমার মনে হয় তার কারণ আমাদের স্কুলগুলি ছাত্রদের কর্মচারি হয়ে ওঠায় প্রশিক্ষণ দেয়। যদি কর্মচারিরা আর্থিক বর্ণনাগুলি পড়ার সুযোগ পেতেন তাহলে বুঝতেন মালিকরা কেন ক্রমশ আরও বিত্তবান হয়ে উঠছে অথচ কর্মচারিদের পরিশ্রম উত্তরোত্তর বৃদ্ধি পাওয়ার সঙ্গে সঙ্গে তাদের বেশি মাত্রায় করও দিতে হচ্ছে। কর কর্মচারির বৃহত্তম একক খরচ।’

অল্পবয়সী একটি মহিলা হাত তুলে বললেন, ‘আপনি কি বলতে চাইছেন কর্মীদের সবার আগে কর দিতে হয় অথচ মালিকের কর সবার শেষে জমা হয়। এই পদ্ধতিগুলির কথাই বলছেন তো?’

‘এটা একটা পদ্ধতি’, আমি উত্তর দিই, ‘এমন অনেক পন্থা আছে।’

‘এটা তো অন্যায়’, তিনি বললেন।

‘মানছি’, বলি আমি, ‘বি কোয়াড্রান্টে এমন অনেক রকমের সুবিধা আছে, তবে সেসব সুবিধা থেকে লাভবান হওয়ার জন্য কর-সংক্রান্ত আইন, কর্পোরেট আইন, বীমার আইনগুলি ভালমত জানা দরকার।’

‘অর্থাৎ, আপনার মতে বি ও আই দুটো কোয়াড্রান্টের সুবিধা নেওয়া শ্রেয়?’

‘হ্যাঁ, বেশির ভাগ ক্ষেত্রে তাই সবচেয়ে সেরা উপায়’, উত্তর দিই, ‘আমি কর-বিশেষজ্ঞ উকিল না বা অ্যাকউন্ট্যান্ট না, তবে তাই বলতে চাইছি।’

'অর্থাৎ, বাজে খরচ করলে, বিনিয়োগের পদ্ধতি না বুঝলে আমরা বি ও আই কোয়াড্রান্টের শক্তিগুলো সদ্ব্যবহার করতে পারব না?' আরেকজনের প্রশ্ন শুনতে পেলাম।

সম্মতি জানিয়ে আমি উত্তর দিলাম, 'হ্যা, সে কথাটাই আমি বলতে চাই।' ক্যাশফ্লো-র গেমবোর্ড হাতে নিয়ে বোর্ডের প্রথম ও দ্বিতীয় ট্র্যাক বা পথ দুটো দেখালাম।

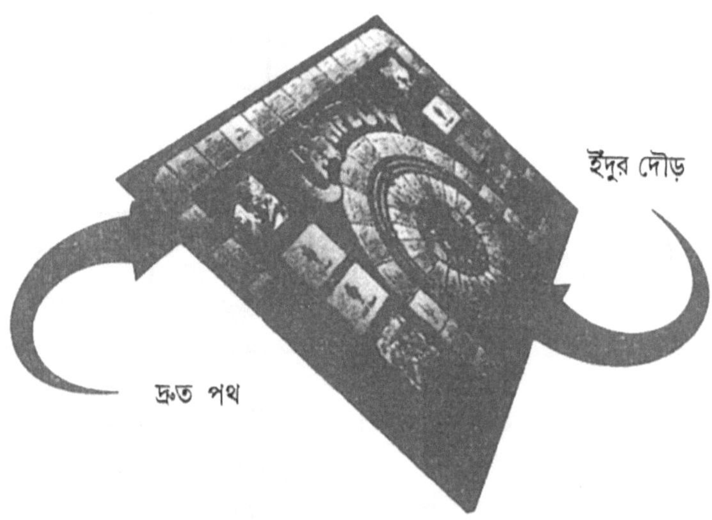

র্যাটরেস অর্থাৎ ইঁদুর দৌড়ের পথটা দেখিয়ে বললাম, '৯৫% মানুষ এই র্যাটরেসে আটকে পড়েছে। এবার ফাস্ট ট্র্যাক অর্থাৎ দ্রুত পথটা দেখিয়ে বললাম, 'এই ফাস্ট ট্র্যাক ধনীদের বিনিয়োগ ক্ষেত্র।'

ক্লাসের সকলে গেম-বোর্ডটা নতুন আগ্রহে দেখলেন। 'এই খেলাটা বাস্তব জীবনের প্রতিফলন, তাই না?' একজন প্রশ্ন করলেন।

সম্মতি জানিয়ে বললাম, 'যা যা শেখানো সম্ভব সেসব কিছু ভালমত বোঝানোর জন্যই এই খেলাটা তৈরি করেছি। অ্যাকাউন্টিং অর্থাৎ হিসাব-নিকাশ, ক্যাশফ্লো অর্থাৎ অর্থস্রোত-এর পরিচালনা, বিনিয়োগ, বিনিয়োগের ভাষা, কিভাবে কর্মকৌশল শেখা যায় এবং বিনিয়োগের জগত ..... ধনীদের বিনিয়োগ পদ্ধতি ও ইঁদুর দৌড়ে বন্দী সাধারণ জনতার বিনিয়োগ পদ্ধতি। ফাস্ট ট্র্যাকেই পাবেন বিনিয়োগের সুলুক-সন্ধান ..... খুবই অল্পসংখ্যক মানুষ ধনীদের মত বিনিয়োগ করার সুযোগ পায়। এখানে যারা বসে আছেন, আপনারা সকলই সেই সুযোগ পেয়েছেন .... তবে তার আগে নিজের ব্যবসা গড়ে তুলুন, অপরকে ব্যবসা গড়তে শেখান।'

একজন জিজ্ঞাসা করলেন, 'ফাস্ট ট্র্যাকে বিনিয়োগের একমাত্র উপায় কি ব্যবসা গড়ে তোলা?'

'তা নয়,' জবাব দিই আমি, 'আগেও বলেছি, যদি আপনি পেশাদার খেলোয়াড় হন ও প্রতি বছর প্রচুর উপার্জন করেন বা যদি আপনি সিনেমার নায়ক, রকস্টার, বড় কোনও সংগঠনের সি.ই.ও. হন, বা ডাক্তার হন এবং কয়েক মিলিয়ন উপার্জন করেন আপনিও সত্যিকার ফাস্ট ট্র্যাকে প্রবেশের সুযোগ পাবেন। অনেকে আবার পেশাদার ইনভেস্টর হয়ে আই কোয়াড্রান্টের মাধ্যমে ফাস্ট ট্র্যাকে প্রবেশ করেন। অথচ অধিকাংশ অতি ধনীরা কিন্তু ব্যবসার মাধ্যমে .... বিশেষত বি কোয়াড্রান্ট ব্যবসার মাধ্যমে বাস্তব জগতের ফাস্ট ট্র্যাকে প্রবেশ করেন। খুবই অল্প কয়েকজন ই ও এস কোয়াড্রান্ট থেকে বাস্তবজীবনের ফাস্ট ট্র্যাকে প্রবেশের সুযোগ পান।'

আবার উপস্থিত সবাই নীরব হয়ে গেলেন। বুঝলাম, আমার কথাগুলি এরা মন দিয়ে শুনছিলেন, শেষে একজন প্রশ্ন করলেন, 'আমরা যদি ব্যবসা গড়ে তুলে ফাস্ট ট্র্যাকে বিনিয়োগ করতে শুরু করি, তাহলে আমরাও অতি-ধনীদের শ্রেণীতে পৌঁছে যাব।'

'হ্যাঁ', খানিকটা থেমে বললাম, 'তবে তার আগে বিশ্বাস করতে হবে যে এটা করা সম্ভব। এজন্যই আপনাকে বি ও আই কোয়াড্রান্টের ব্যাপারে যথেষ্ট ওয়াকিবহাল থাকতে হবে।'

একজন হাত তুললেন, 'ইঁদুর দৌড়ে, ছোটখাট বিনিয়োগে প্রচুর সময় দেওয়ার মানে সময়ের অপচয়, তাই না?'

'যারা বি কোয়াড্রান্টে ব্যবসা গড়ে তোলার ব্যাপারে সচেষ্ট তাদের জন্য অর্থাৎ আপনাদের জন্য এটা অবশ্যই অপচয়,' আমি উত্তর দিই, 'যখন আপনি ব্যবসা গড়ে তোলায় মনোনিবেশ করে সরাসরি ফাস্ট ট্র্যাকে পৌঁছে যেতে পারেন, তাহলে ছোট ছোট বিনিয়োগে সময় নষ্ট করে কি লাভ বলুন?'

'তবে ইঁদুর দৌড়ে থাকাকালীন বিনিয়োগের যে অভিজ্ঞতা হয়, তার কি কোনই গুরুত্ব নেই?' এক তরুণ প্রশ্ন করলেন।

'অবশ্যই আছে .... তা খুবই গুরুত্বপূর্ণ। তবে বাস্তব জগতে অনেক ই ও এস কোয়াড্রান্টের মানুষ আই কোয়াড্রান্টের সাহায্যে ইঁদুর দৌড় থেকে পালাবার চেষ্টা করছে, এরা মিউচুয়াল ফান্ড কিনছে, শেয়ার কিনছে, স্টক ও ছোট ডুপ্লেক্স কেনায় বিনিয়োগ করছে। অনেকের জন্য এটা খুব ভাল পরিকল্পনা তবে আপনারা এদের থেকে ভিন্ন। আপনাদের হাতে রয়েছে বি কোয়াড্রান্ট ব্যবসার অফুরন্ত ক্ষমতা .... এই ব্যবসায় আয়ের কোনও সীমা নেই, কোনও আন্তর্জাতিক সীমারেখা নেই। ছোট ছোট লেনদেন থেকেই বড় ব্যবসার অভিজ্ঞতা হবে। তবে সর্বসাধারণ যেসব ক্ষেত্রে অর্থ বিনিয়োগ করে সেগুলিতে বিনিয়োগ করে ইঁদুর দৌড় থেকে পালাবার চেষ্টা বৃথা। বরং নিজের ব্যবসা দাঁড় করিয়ে ধনীদের ক্ষেত্রে বিনিয়োগ করুন .... এদের কাছে রয়েছে প্রচুর অর্থ, তাই এরা বিশেষ ক্ষেত্রে বিনিয়োগ করেন। যাদের কাছে তেমন টাকাকড়ি নেই তারা যেভাবে বিনিয়োগ করেন, সেভাবে আপনারা

বিনিয়োগ করবেন না .... যেহেতু এদের কাছে বিশেষ অর্থ নেই তাই এরা বিনিয়োগের মাধ্যমে অর্থোপার্জন করতে চায়। সেরা বিনিয়োগ এদের নাগালের বাইরে। যাদের কাছে রয়েছে প্রচুর অর্থ তারাই সেরা বিনিয়োগ করতে পারে।'

আরেকবার সবাই চুপচাপ। একজন বলে উঠলেন, 'আমাদের ছোটখাট বিনিয়োগের সাহায্যে ইঁদুর দৌড় থেকে বেরিয়ে আসার চেষ্টা কি বৃথা?'

'ভাল প্রশ্ন', আমি উত্তর দিলাম, 'আপনাদের মধ্যে যারা ক্যাশফ্লো ১০১ খেলেছেন তাদের একটা প্রশ্ন করি, 'বাস্তব জীবনে যারা ইঁদুর দৌড় থেকে বেরিয়ে আসতে পারে তারা স্বয়ংক্রিয়ভাবে ফাস্ট ট্র্যাকে প্রবেশের অধিকার পায় কি?'

দলটি কিছুক্ষণ চিন্তা করল। শেষে একজন তরুণী উত্তর দিলেন, 'না। অনেকেই ইঁদুর দৌড় থেকে বেরিয়ে আসে। তত্ত্বগতভাবে যিনি অবসরগ্রহণের পরিকল্পনা প্রস্তুত করেছেন তিনিও ইঁদুর দৌড় বহির্ভূত। তবে প্রকৃতপক্ষে যারা ইঁদুর দৌড় বহির্ভূত তাদের মধ্যে মাত্র অল্প কয়েকজন ফাস্ট ট্র্যাকে বিনিয়োগের যোগ্য হয়, আপনি নিজেই তো একথা বলেছেন।'

আমার উত্তরের আগেই এক বয়স্ক ভদ্রলোক বলে উঠলেন, 'আমি বলছি সারাজীবন পরিশ্রম করে সামান্য পেনশন নিয়ে অবসরগ্রহণ করে বিশেষ লাভ নেই। আমার কোম্পানি কত পেনশন দেয় জানেন? ঐ টাকায় স্বচ্ছন্দে জীবনযাপন অসম্ভব। আমার অনেক বন্ধু অবসরগ্রহণের পর এত কম আয় করেন যে মনে হয় তাঁরা আরেক মন্থর গতির অথচ আরও দুর্দশাগ্রস্ত ইঁদুর দৌড়ে ঢুকে পড়েছে।'

সম্মতি জানিয়ে মৃদুস্বরে বললাম, 'তাই আজ আমি এখন আপনাদের সঙ্গে কথা বলতে এসেছি। যেহেতু আপনারা একদিন বি কোয়াড্রান্ট ব্যবসা গড়ে তোলার জন্য সময় বিনিয়োগের সিদ্ধান্ত নিয়েছেন, তাই আপনাদের কাছে আজ সম্পূর্ণ ভিন্ন ও আরও স্বচ্ছন্দ জীবনযাপনের ক্ষমতা আছে। অনেকেই সারাজীবন কাজ করে, সময় ও অর্থের অপচয় ছাড়া কিছুই পায় না। ব্যাপারটা দুঃখজনক।'

কিভাবে অতি-ধনী হওয়া যায়

একজন অংশগ্রহণকারী হাত তুললেন, 'আপনি যে বললেন আমরা অতি-ধনী হয়ে উঠতে পারি, আমরা বহু অভিনেতা, রকস্টার, খেলোয়াড় এমনকি এখন আমি যে কোম্পানিতে কাজ করছি সেখানকার প্রেসিডেন্টের চেয়েও বেশি ধনবান হয়ে উঠতে পারি?'

'ঠিক কথা', আমি বললাম, 'আপনার মনিবের তুলনায় আপনি বেশি আয় করতে পারেন।'

'তাই তো চাই', ঐ একই ব্যক্তি বলে উঠলেন, 'এই ব্যবসায় অংশ নিয়ে কিভাবে অতি-ধনী হওয়া সম্ভব?'

‘প্রথমেই বিশ্বাস করতে হবে, এটা করা সম্ভব’, আমি বলি।

‘কেন, এর সম্ভাবনা সম্বন্ধে বেশির ভাগ মানুষ কি সন্দিহান?’ আরেকজন প্রশ্ন করলেন।

‘আমার মনে হয় অনেকেই মনে করেন, এটা সম্ভব, তবে তাদের দ্বারা করা অসম্ভব। এরা মনে করেন, এরা পারবেন না, তবে অন্যরা পারবে। যতক্ষণ না আপনি নিজে বিশ্বাস করবেন যে এটা সম্ভব ততক্ষণ তা অসম্ভব মনে হবে,’ মৃদুভাবে বললাম, ‘অনেকেই একদিন মিলিয়নেয়ার হয়ে ওঠার স্বপ্ন দেখে, তবে খুব কম লোকের কাছে মাসে এক মিলিয়ন বা তার বেশি আয় করার ক্ষমতা থাকে। এই সত্যকে তারা নিজেদের জীবনের সত্য করে তুলতে পারে না।’

‘তা আপনার জীবনের সত্যটা কি তাই?’ একজন প্রশ্ন করলেন।

‘নিশ্চয়ই,’ উত্তর দিলাম।

‘আপনি আপনার বাস্তবজীবনে কিভাবে এই সত্য উপলব্ধি করেছেন?’

‘আমার ধনবান বাবার সাহায্যে পেরেছি,’ আমি বললাম।

মুহূর্তকাল চুপ করে প্রশ্ন করি, ‘আপনাদের মা-বাবা টাকা-পয়সা সম্বন্ধে কোন্ সত্যগুলি শিখিয়েছিলেন?’

‘মাসে এক মিলিয়ন আয় করা অবশ্যই নয়,’ এক যুবক বললেন, ‘আমার মা-বাবা মনে করেন, কেউ যদি চাকরি করে বছরে ১,০০,০০০ ডলার আয় করে তাহলে সে ধনী।’

‘বেশির ভাগ মানুষ তাই মনে করেন,’ আমি বলি।

‘তা, মাসে মাসে এক মিলিয়ন বা তার বেশি আয় করা যায় -- এই সত্যটা কিভাবে সম্ভব বলে স্বীকার করা যায়?’ ঐ যুবক আবার প্রশ্ন করল।

‘আপনাকে স্বীকার করতে হবে,’ উত্তর দিলাম, ‘অন্য কেউ আপনার হয়ে এটা করতে পারবে না।’

‘একথা কেন বলছেন?’, এক অল্পবয়সী ভদ্রলোক বললেন।

‘কারণ, আমি আপনাদের চোখে দ্বিধা দ্বন্দ্ব দেখতে পাচ্ছি। আপনাদের মধ্যে অনেকেই এই সত্যটাকে স্বীকার করতে চান না। কারণ, এই সত্য আপনাদের চিন্তা-ভাবনার বাইরে। আপনাদের অনেকের মতই আমার পরিবারও তেমন ধনী নয়। আমার মা-বাবার মুখে প্রায়ই শুনেছি ‘এ আমার ক্ষমতার বাইরে,’ বা ‘টাকা কি গাছে ফলে?’ অথবা, ‘অর্থ মানুষকে আনন্দ কিনে দিতে পারে না;’ কিংবা ‘ধনীরা মোটেই সুখী নয়।’ আমার পরিবারের এই সত্যটি থেকে রেহাই পাওয়ার জন্য আমি এই সত্যের বাইরে অন্য সত্যের খোঁজ শুরু করি .... আমার ধনবান বাবাও এ ব্যাপারে সাহায্য করেন। বস্তুত, আমার জন্য তিনিই প্রধান কাজটা করেন, তিনি আমায় এক নতুন সত্য উপলব্ধি করিয়েছিলেন, সেই সত্যের বাস্তব রূপায়ণ শিখিয়েছিলেন।’

'আমাদের বলুন, সেই সত্যটি কি?' বয়স্ক এক ভদ্রলোক বললেন।

'এই তো বললাম', উত্তর দিলাম, 'এখন প্রশ্ন হ'ল এই সত্যকে স্বীকার করার জন্য আপনারা কি প্রস্তুত?'

বয়স্ক ভদ্রলোক হেসে বললেন, 'বুঝেছি আপনি কি বলতে চাইছেন, আপনি বলছেন এই মুহূর্তে আমাদের মধ্যে অনেকেই এই সত্য অস্বীকার করছেন, আবার কেউ কেউ এই ধারণাটি ... অতি-ধনীর সত্যটি স্বীকার করে নিতে চাইছেন।'

সম্মতি জানিয়ে বলি, 'বেশির ভাগ মানুষ এই সত্য স্বীকার করছেন না, অনেকেই এই সত্যকে অবাস্তব মনে করেন, অবাস্তব মনে করার নানা কারণ দেখায়। অনেকে আমার ওপর অসন্তুষ্ট হ'ন, তারা বলেন আমি নাকি তাদের মিথ্যা আশা ভরসা দিচ্ছি। আমি কাউকেই মিথ্যা আশা বা আজগুবি প্রত্যাশা দিচ্ছি না। আমি শুধুই আমার নিজের প্রত্যাশা ও স্বপ্নগুলি আপনাদের সঙ্গে ভাগ করে নিতে চাই। এগুলি সত্যি না মিথ্যে সে সিদ্ধান্ত নেওয়ার দায়িত্ব আপনার'।

'আপনি এখনও তো অতি-ধনী শ্রেণীতে পৌঁছাতে পারেননি?' বয়স্ক ভদ্রলোক জিজ্ঞাসা করলেন, 'তা সত্ত্বেও আপনি বলছেন যে আপনি এখনও সে চেষ্টা করছেন।'

'সত্যি কথা', আমি বলি, 'আমি এখন শুধুই ধনী। তবে একদিন অতি-ধনী হয়ে ওঠার লক্ষ্য আছে। ২৫ বছর আগে যে লক্ষ্য স্থির করেছিলাম, তা আজও ভুলিনি এবং প্রতিদিন চেষ্টা করে চলেছি।'

'আপনি কি করে জানলেন যে তা বাস্তব করে তোলা যায়?' এক তরুণী প্রশ্ন করলেন।

'আমি জানি না কতখানি সফল হব ..... কারণ এই প্রচেষ্টায় আমি দুবার অসফল হই .... তা সত্ত্বেও আমি চেষ্টা করে চলেছি,' আমি বললাম, 'আমি জানি যে কয়েকজন এই সত্য বাস্তব করে তুলতে সক্ষম হয়েছেন। যেমন বিল গেটস্, যেমন মাইকেল ডেল। আর এরা মাত্র তিরিশ চল্লিশ বছর বয়সে, কিংবা তার আগে তা করে দেখিয়েছেন।'

'আপনি বলছেন আমাদের মধ্যেও এই ক্ষমতা নিহিত আছে?' এক অল্পবয়সী মহিলা জিজ্ঞাসা করলেন।

'হ্যা, নেটওয়ার্ক মার্কেটিং অনেক মানুষকে অতি-ধনী শ্রেণীতে পৌঁছাতে সক্ষম হয়েছে। আমি তাদের দেখেছি। আমি জানি, কারণ তাদের ব্যবসার মাধ্যমে ইনভেস্ট করতে দেখেছি। আমি তাদের বিশাল বিশাল অফিসগুলি দেখেছি, তাদের নিজেদের অফিস, ভাড়া করা পরিসর নয়; তাদের দোকানপাট, তারা যে কোম্পানিতে বড় অংশভাগ নিয়েছেন, বিশালায়তন আবাসীয় বিভাগ, র্যাঞ্চ, আরো অনেক কিছু দেখেছি। ই বা এস হিসাবে তারা এই ইনভেস্টমেন্ট করতে পারতেন না। বি কোয়াড্রান্টেই তা সম্ভবপর হয়েছে — যে

ব্যবসায় সীমাহীন আয়ের সুযোগ, শুধু সেই ব্যবসায় ধনীদের মত ইনভেস্ট করা যায়। তাই আপনারাও ঠিক পথে চলেছেন। যদি ব্যবসা গড়ে তোলায় পরিশ্রম করতে পারেন, পড়াশোনা করেন, ফাস্ট ট্র্যাকে ইনভেস্টমেন্ট সম্বন্ধে যথেষ্ট তথ্য সংগ্রহ করেন এবং ভেতর থেকে নিজের উন্নতি করায় সচেষ্ট থাকেন, আপনিও সফল হবেন। তবে এর কোনো গ্যারান্টি নেই ... শুধু আপনি নিজে তা সম্ভব করতে পারবেন।'

এক যুবতী প্রশ্ন করলেন, 'তা, আপনার ক্যাশফ্লো গেমের ফাস্ট ট্র্যাকে ইনভেস্টমেন্টের বিষয়ে কিভাবে জানা যায়?

'এই ইনভেস্টমেন্টগুলির বিষয়ে *রিচ ড্যাডস্ গাইড টু ইনভেস্টিং*-এ জানিয়েছি। আগেও বলেছি, বহু ই ও এস ঐ বই পড়ে হতাশ হয়েছিলেন। তবে আপনাদের কাছে ধনীদের ইনভেস্টমেন্টে অংশগ্রহণের ক্ষমতা আছে। এই ইনভেস্টমেন্টগুলিতে অংশ নেওয়ার জন্য আইনত মিলিয়নেয়ার হতে হবে।'

'আপনি কি পরামর্শ দেবেন?' বয়স্ক ভদ্রলোক প্রশ্ন করলেন। 'আমার হাতে বেশি সময় নেই। আমার সময়াভাব, আমায় কি করতে বলবেন? আমি কি পারব?'

'প্রথমেই বলি, বয়সকে অজুহাত বানাবেন না, মনে রাখবেন সত্তর বছরের কাছাকাছি পৌঁছে কর্ণেল স্যান্ডার্স কেন্টাকি ফ্র্যায়েড চিকেন শুরু করেন। আমার ধনবান বাবা সবসময় বলতেন, 'যারা হেরে যায় তারা জীবনের পরিস্থিতিগুলিকেই অসফলতার কারণ মনে করে অথচ সফল মানুষ ঐ পরিস্থিতিগুলিকেই পাথেয় করে সাফল্যের চূড়ায় পৌঁছায়।' কর্ণেল তার বয়সটাকেই সাফল্যের কারণ করে তুলেছিলেন। যখন বেশীর ভাগ মানুষ অবসর নেয়, সেই বয়সে তিনি অতি-ধনী শ্রেণীভুক্ত হয়েছিলেন।'

'মানছি,' বয়স্ক ভদ্রলোক বললেন, 'তা আপনি কি পরামর্শ দেবেন?'

'প্রথমত, ইনভেস্টমেন্টের জগত সম্বন্ধে একটা সামগ্রিক ধারণা গড়ে তোলার জন্য আপনাদের সকলকে *রিচ ড্যাডস্ গাইড টু ইনভেস্টিং* পড়তে বলব। এরপর, যদি অতি-ধনী হয়ে ওঠার স্বপ্ন সত্যি করে তুলতে চান তাহলে একসঙ্গে দলবদ্ধ হয়ে একটি করে অধ্যায় পড়ুন, অধ্যায় ২০ থেকে শুরু করুন, এতে ৯০/১০ ধাঁধা আছে। যথেষ্ট সময় নিয়ে পড়ুন। মিটিং-এ আসার আগে সবাই ঐ অধ্যায় পড়ে আসুন। তারপর সকলে মিলে ঐ অধ্যায়ের বিষয়ে বিস্তারিত আলোচনা করুন। আবার বলি, যথেষ্ট সময় নিয়ে অধ্যয়ন করবেন। দেখবেন দলবদ্ধভাবে পড়াশোনা ও আলোচনা করলে ইনভেস্টমেন্ট সম্বন্ধে আপনার বর্তমান ধারণা আরো প্রসারিত হবে।'

'আপনি বলছেন আমরা সাধারণত দরিদ্র ও মধ্যবিত্তদের ইনভেস্টমেন্টে বেস্ত্রীভূত?' বয়স্ক ভদ্রলোক প্রশ্ন করলেন। 'ধনীরা যে সব ক্ষেত্রগুলিতে বিনিয়োগ করেন, আমাদের সে সব ক্ষেত্রে বিনিয়োগ করা উচিত। ধনীদের ইনভেস্টমেন্ট আমাদের জীবনের সত্য করে

তুলতে হবে।'

'হ্যাঁ', উত্তর দিলাম, 'আমার ধনবান বাবার কাছ থেকে আমি তাই শিখেছি। তিনি বিনিয়োগের জগতের যে সত্য শিখিয়েছিলেন তা শুধু ধনীরা জানে। ঐ সত্য জানার পর আমার জীবনের পথ খুঁজে পেলাম, সেই পথে আজও চলছি।'

'অর্থাৎ আমাদের মধ্যে বেশির ভাগ মানুষ শুধু মিউচুয়াল ফাণ্ড, স্টক, ছোট রিয়াল এস্টেটগুলিতে ইনভেস্ট করার ব্যাপারে জানে — কারণ ইনভেস্টমেন্টের জগতে আমাদের জন্য এগুলিই 'সত্য'। তাই বলছেন কি?'

'হ্যাঁ, তাই বলছি,' উত্তরে আমি বলি। 'বেশীর ভাগ মানুষ ই এবং এস কোয়াড্রান্ট থেকে ইনভেস্টমেন্টের কথা বিবেচনা করে। তারা মনে করে ইনভেস্টমেন্ট করার অর্থ ঝুঁকি নেওয়া, তাই যথাসম্ভব সুরক্ষিত থাকতে চায়। এরা দোকান থেকে যেমন দেখেশুনে মাছ মাংস কেনে তেমনি বুঝেশুনে নিরাপদ, প্রি প্যাকেজ ইনভেস্টমেন্টে লগ্নি করে। আর দরিদ্র ও মধ্যবিত্তরা যে ইনভেস্টমেন্টে অর্থলগ্নি করে সেগুলিকে প্রি-প্যাকেজ করে র‍্যাঞ্চ, এই র‍্যাঞ্চে ধনীরা বিনিয়োগ করে, যা সম্পূর্ণ ভিন্ন এক সত্য।'

'তাই অধ্যায় ২০ থেকে পড়া শুরু করে, ক্রমশ সত্যের পরিধি বিস্তৃত করতে হবে। সবাইকে নিয়মিতভাবে একত্র হয়ে অধ্যায় ২০ থেকে শুরু করে বাকি অধ্যায়গুলি পড়তে হবে। এভাবে অধ্যয়নের ফলে মন প্রসারিত হবে, ধনীদের ইনভেস্টমেন্ট সম্বন্ধে আরো স্পষ্টভাবে বোঝা যাবে ... আপনি বলছেন এই সব ক্ষমতাগুলো আমাদের হাতের মুঠোয় রয়েছে।'

সম্মতিসূচক মাথা নেড়ে বলি, 'যদি একবার ফাস্ট ট্র্যাকে ইনভেস্টমেন্টের মজা ও রোমাঞ্চ উপলব্ধি করতে পারেন, আপনার মনে হবে বেশীর ভাগ মানুষ কেন নিরাপদ, প্রি প্যাকেজ করা ছোট ইনভেস্টমেন্ট খোঁজে। আমার তো তাই মনে হয়,' আমি বলতে থাকি, 'তবে এই অনুভূতি বোধহয় তখনই আসে যখন মানুষ নিজের মনের সত্যগুলি বুঝতে পারে। তাছাড়া ধনীদের ইনভেস্টমেন্ট কতটা ক্ষমতাশীল তা একবার বোঝার পর আপনি নিজেও আরো দ্রুত বি কোয়াড্রান্ট ব্যবসা গড়ে তুলতে চাইবেন ... আগেই বলেছি জীবনের মজা হল অর্থ বিনিয়োগ ও অর্থকে দিয়ে পরিশ্রম করানো।'

'আমাকে আরো কোনো পদক্ষেপ নেওয়ার পরামর্শ দেবেন?' বয়স্ক ভদ্রলোক প্রশ্ন করলেন।

'হ্যাঁ', আমি বললাম, 'পদক্ষেপ ২, যা খুবই জরুরি। নিজেকে অগ্রসর করার জন্য আপনি এইসব তরুণ ও মধ্যবয়স্কদের শক্তি, ক্ষমতা ও সাহায্য চেয়ে নিন। নতুন সত্য উপলব্ধি করার পর, এদের সাহায্য দিয়ে গড়ে তুলুন আপনার জীবনের নতুন সত্য। এদের সাহায্য করতে বলুন। এরাও আপনাকে সাহায্য করতে চায়, আপনার সাফল্য চায়। তবে যতক্ষণ না নিজেকে নিজে সাহায্য করতে রাজি হবেন, যতক্ষণ না এদের সাহায্য নিতে

রাজি হবে, ততক্ষণ এরা আপনাকে সাহায্য করতে পারবে না।'

বয়স্ক ভদ্রলোক চুপ করে বসেছিলেন, আমি বুঝলাম সাহায্য চাওয়া তার পক্ষে অস্বস্তিকর ব্যাপার। আমি জানি, কারণ ছেলেদের ছোট বয়স থেকে শেখানো হয় সাহায্য চাওয়া দুর্বলতার লক্ষণ। অনেক মেয়েরাও এমন মনে করে। বুঝলাম বয়স্ক ভদ্রলোক সাহায্য নেওয়ার ব্যাপারে দ্বিধাগ্রস্ত, আমি তাকে দাঁড়াতে বললাম, ঘরের চারিদিকে তাকিয়ে দেখতে বললাম।

ভদ্রলোক ইতঃস্তত করছিলেন। শেষে উঠে দাঁড়ালেন। আমার অনুরোধে বেশ বিপদে পড়েছেন তা বুঝলাম। সোজা দাঁড়িয়ে উনি চোখ তুলে তাকালেন, ঐ ঘরটিতে তখন কয়েক শ' মানুষ বসেছিলেন। সবাই হাসিমুখে তার দিকে তাকিয়েছিলেন। চোখের ভাষায় তারা ঐ বয়স্ক ভদ্রলোককে সাহায্যের প্রতিশ্রুতি দিচ্ছিলেন।

আমি এবার প্রশ্ন করলাম, 'আপনাদের মধ্যে কারা এঁকে সাহায্য করে চান?

হুড়মুড় করে কয়েক শ' হাত উঠল, সবাই নিজের সমর্থন জানাতে চায়। ভদ্রলোক চারিদিকে তাকিয়ে দেখলেন, দেখলেন অজস্র হাত, তাদের চোখে মমতা ও সাহায্যের প্রতিশ্রুতি। বয়স্ক ভদ্রলোক হঠাৎ আবেগপ্রবণ হয়ে উঠলেন, তার চোখে জল দেখলাম, আর তিনি দেখলেন সাহায্যের এক বিশাল সমুদ্র তাকে ঘিরে রয়েছে। তিনি খানিকক্ষণ চুপ করে সবার দিকে তাকিয়েছিলেন, যেন তাদের আত্মা একে অপরকে স্পর্শ করছিল। মাথা নেড়ে মৃদুভাবে তিনি বললেন, 'ধন্যবাদ'। কাঁপতে কাঁপতে তিনি বসে পড়লেন, উপস্থিত সকলে জোরে হাততালি দিয়ে উঠল।

হাততালির আওয়াজ ক্ষীণ হওয়ার পর আমি আবার আমার বইটা হাতে তুলে ধরে বললাম, 'এই ব্যবসার বিশেষত্ব হ'ল, আপনি নিজে যা পেতে চান তা পাওয়ার ব্যাপারে অপরকে সাহায্য করুন, তাহলে আপনিও সফল হবেন। আপনি কত আয় করছেন তার ভিত্তিতে এই ব্যবসা মূল্যায়ন করা হয় না, এই ব্যবসার মাপকাঠি হ'ল, আপনি কতজনকে সাহায্য করছেন, কতজনের জীবনে পরিবর্তন আনতে পেরেছেন'। সবাইকে ধন্যবাদ জানিয়ে আমি বিদায় নিলাম।

উপযোগিতা #৫ : স্বপ্ন বাস্তবায়নের উপযোগিতা

'অনেকে স্বপ্নই দেখে না,' আমার ধনবান বাবা বলতেন।

'কেন?' আমি প্রশ্ন করেছিলাম।

তিনি উত্তর দিয়েছিলেন, 'কারণ স্বপ্ন খরচসাপেক্ষ।'

কল্পনাশক্তি জাগিয়ে তোলা

একবার আমার স্ত্রী কিম্‌ ও আমি একটি সভায় গিয়েছিলাম। সেখানে একটি নেটওয়ার্ক মার্কেটিং কোম্পানির খ্যাতনামা স্রষ্টা নিজের ১৭,০০০ বর্গফুটের বিশাল অট্টালিকা, আটখানা গাড়িসহ আটটা গ্যারেজ, তার লিমোজিন ও বৈভবের অন্যান্য উপকরণ সকলকে দেখাচ্ছিলেন। বাড়ি ও জিনিসগুলি সত্যি আকর্ষণীয় ছিল, তবে যে জিনিসটি আমাকে সবচেয়ে বেশি প্রভাবিত করে তা ছিল — যে পথটিতে তার বাড়ি সেই পথটির নামকরণ তার নামেই করা হয়েছিল। আমি যখন তাঁকে প্রশ্ন করি শহর কর্তৃপক্ষকে এ ব্যাপারে কিভাবে রাজি করালেন, উত্তরে তিনি বলেছিলেন, 'খুব সহজ। একটি নতুন প্রাথমিক স্কুল ও লাইব্রেরি তৈরি করার জন্য কিছু আর্থিক অনুদান দিয়েছিলাম। তাই শহর কর্তৃপক্ষ এই রাস্তাটাকে আমার পারিবারিক নাম দিতে সম্মত হয়।' তখন আমি বুঝি — তার স্বপ্ন আমার স্বপ্নের চেয়ে অনেক, অনেক বড়। আমি তো কখনও নিজের নামে কোন রাস্তার নামকরণ করার কথা কল্পনাই করিনি, স্কুল বা পাঠাগার গড়ে তোলার মত দানও করিনি। সেদিন বাড়ি ফেরার পথে মনে হল আমার স্বপ্নকেও আরও বড় করে তুলতে হবে।

সুপরিচালিত নেটওয়ার্ক মার্কেটিং ব্যবসার আরেকটি গুরুত্বপূর্ণ উপযোগিতা হল, এরা স্বপ্ন দেখা ও সেই স্বপ্নকে সত্যে রূপান্তরিত করে তোলায় বিশেষ লক্ষ্য রাখে। যে ভদ্রলোকের সঙ্গে দেখা করতে গিয়েছিলাম তিনি যে শুধুই নিজের প্রাচুর্যের প্রদর্শন করছিলেন, তা নয়। তিনি ও তার স্ত্রী যে রকম জীবনশৈলী পেতে সক্ষম হয়েছেন তা যে সবাই পেতে

পারে, স্বপ্ন বাস্তবায়িত করতে পারে সে কথাও বুঝিয়েছিলেন, অনুপ্রেরণা দিয়েছিলেন, শুধুই প্রাসাদতুল্য বাড়ি বা উপভোগ্য বস্তুর প্রাচুর্য বা তার মূল্য উপলব্ধি করানো নয়, স্বপ্ন বাস্তবায়িত করার ব্যাপারে সকলকে অনুপ্রেরণা দিয়েছিলেন।

স্বপ্নভঙ্গ

রিচ ড্যাড পুওর ড্যাডে বহুবার আমার নির্ধন বাবার কথা বলেছি। তিনি বলতেন 'এ আমার সামর্থ্যের বাইরে' বা 'এ আমার পক্ষে সম্ভব নয়।' একথাও জানিয়েছি, আমার ধনবান বাবা আমাকে ও তার ছেলেকে ঐ শব্দগুলি ব্যবহার করতে নিষেধ করতেন। তিনি বলতেন, 'কিভাবে তা সম্ভব করা যায় তা ভেবে দেখো।' যদিও দুজনের বক্তব্যে বিশেষ তফাৎ নেই, তবে ঐ সামান্য পার্থক্যটুকু আমার ধনবান বাবার জন্য গুরুত্বপূর্ণ ছিল। তিনি বলতেন, 'কিভাবে তা করা সম্ভব এ কথাটা তোমায় আরও বড় স্বপ্ন দেখতে সাহায্য করবে।'

আমার ধনবান বাবা আরও বলতেন, 'যারা তোমার স্বপ্ন ভেঙে দিতে চায় তাদের ব্যাপারে সচেতন থাকবে।' বন্ধু বা প্রিয়জন স্বপ্ন ভেঙে দিলে খুবই দুঃখ হয়। অনেকেই হয়ত জেনেশুনে অথবা অজান্তে এই সরল মন্তব্যগুলি করেন :

১.   তুমি এটা করতে পারবে না।

২.   ব্যাপারটা খুবই বিপজ্জনক। কত লোক অসফল হয়েছে জান?

৩.   বোকার মত কথা বলবে না। এসব বুদ্ধি কোথেকে পেলে?

৪.   এটা যদি অসাধারণ আইডিয়া হয় তাহলে আগে অন্য কারুর মাথায় আসেনি কেন?

৫.   ও, এ আমি বহু বছর আগে করে দেখেছি — কিছুই ফল হবে না।

আমি লক্ষ্য করেছি যারা নিজেদের স্বপ্ন বাস্তবায়নে অসফল হন বা হাল ছেড়ে দেন তারাই অপরকে নিরুৎসাহী করার চেষ্টা করেন। আগেই শিক্ষা পিরামেডের উল্লেখ করেছি, দেখবেন স্বপ্নের উৎস শিক্ষার আধ্যাত্মিক দিকে, আর যারা স্বপ্ন ভেঙে দেয় তারা সাধারণত পিরামিডের অনুভূতিগত পক্ষ থেকে উদ্ভূত।

স্বপ্ন এত গুরুত্বপূর্ণ কেন

স্বপ্নের গুরুত্ব বোঝাতে গিয়ে আমার ধনবান বাবা বলতেন, 'ধনী হওয়া, বিশাল বাড়ি কেনার ক্ষমতা অর্জন করা গুরুত্বপূর্ণ নয়। যা গুরুত্বপূর্ণ তা হল, বিশাল একটা বাড়ি কেনায় সমর্থ হওয়ার জন্য নিজের ব্যক্তিগত ক্ষমতার বিকাশ করা ও সেজন্য সর্বদা সচেষ্ট থাকা, শেখা ও যথাসম্ভব পরিশ্রম করা চাই। বিশাল বাড়ি কেনার ক্ষমতাটুকু অর্জন করার জন্য তুমি নিজে যা হয়ে উঠবে, সেটা গুরুত্বপূর্ণ। যারা ছোট স্বপ্ন দেখে তারা সাধারণত অতি সাধারণ জীবনযাপন করে।'

আমার ধনবান বাবা ঠিকই বলতেন, 'বাড়িটা গুরুত্বপূর্ণ নয়। আমার ও আমার স্ত্রীর কাছে আজ দুটি বিশাল বাড়ি আছে ..... স্বীকার করতে বাধা নেই, বাড়ির আয়তন বা ধনী হয়ে ওঠা কোনোটাই তেমন গুরুত্বপূর্ণ ছিল না। গুরুত্বপূর্ণ ছিল আমাদের স্বপ্নের আয়তন। যখন আমার ও আমার স্ত্রীর আর্থিক অবস্থা খুবই শোচনীয়, তখন আমরা সিদ্ধান্ত নিই যে, এক মিলিয়ন ডলারের বেশি হাতে পেলে আমরা একটা বিশাল বাড়ি কিনব। যখন ব্যবসায় এক মিলিয়নের বেশি মোট আয় হল, আমরা আমাদের প্রথম বড় বাড়ি কিনেছিলাম, তবে শিগগির তা বিক্রিও করে দিই। বিক্রি করি, কারণ তখন আমরা এক নতুন স্বপ্নকে সফল করার চেষ্টা করছি। অর্থাৎ বড় বাড়ি বা ১ মিলিয়ন উপার্জন আমাদের লক্ষ্য ছিল না। যারা স্বপ্নকে সত্যি করতে পারে তেমন মানুষের প্রতীক ছিল ঐ বাড়ি ও অর্থ। এখন আবার আমাদের কাছে একটা বিশাল বাড়ি আছে, তবে ঐ বাড়িও শুধুই আমাদের বাস্তবায়িত স্বপ্নে প্রতীক। আমাদের বড় বাড়িটা আমাদের স্বপ্ন নয়; এই পথে অগ্রসর হয়ে আমরা আজকে যা হয়ে উঠেছি সেটাই স্বপ্ন।

আমার ধনবান বাবার ভাষায়, 'ধনীদের স্বপ্নগুলিও বড়। নির্ধন মানুষ দেখে ছোট স্বপ্ন। যদি নিজেকে বদলাতে চাও তাহলে নিজের স্বপ্নের আয়তন বদলাতে হবে।' যখন আমার সর্বস্ব হারিয়ে আর্থিক অনটনে ভুগছি, আমার ধনবান বাবা বলেছিলেন, 'এই সাময়িক আর্থিক বিপর্যয় যেন তোমার স্বপ্নকে কোনভাবেই ভেঙে না দেয়। তোমার স্বপ্নের ক্ষমতার সাহায্যেই তুমি একদিন জীবনের বাধা অতিক্রম করে উঠতে পারবে', তিনি আরও বলতেন, 'এই অনটন সাময়িক, দারিদ্রের অনুভূতি চিরস্থায়ী। ধনী হওয়ার স্বপ্ন দেখতে গেলে টাকাপয়সা খরচ করতে হয় না, আপনি যদি খুবই দরিদ্র হন তা সত্ত্বেও স্বপ্ন দেখা আপনার জন্য ব্যয়সাপেক্ষ নয়। অনেকের দারিদ্রের একমাত্র কারণ হল ––– তারা স্বপ্ন দেখতে ভুলে গিয়েছে।'

নানারকমের কল্পনাপ্রবণ মানুষ

যখন হাই স্কুলে পড়ি, আমার ধনবান বাবা পাঁচ রকমের কল্পনাপ্রবণ মানুষের কথা বলেছিলেন ঃ

১. ***যারা অতীতের স্বপ্ন দেখে*** ––– রিচ ড্যাড বলেন, 'কয়েকজন মানুষ সব সাফল্যের স্তর পেছনে ফেলে এসেছে।' টি.ভি.-তে অ্যাল বাণ্ডির বৈঠকি হাস্যরসের অনুষ্ঠান 'ম্যারেড উইথ চিলড্রেন'-এর এক অন্যতম উদাহরণ, এতে এক ভদ্রলোক স্বপ্নকে অতীতে রেখে এগিয়ে গিয়েছে। যারা এই শো দেখেননি তাদের জানাই, অ্যাল বাণ্ডি এক প্রাপ্তবয়স্ক ভদ্রলোক যিনি তার অতীতের হাই স্কুলের দিনগুলিতে বেঁচে আছেন, যখন ইনি ফুটবল স্টার ছিলেন, একবার একটা গেমে চারখানা টাচডাউন করেন। অতীতে বেঁচে আছে এই মানুষটা, অতীতের স্বপ্ন দেখে।

রিচ ড্যাড বলতেন, 'যে অতীতের স্বপ্ন দেখে তার জীবন সমাপ্তির পথে। জীবন স্পন্দন ফিরে পাওয়ার জন্য তাকে ভবিষ্যতের স্বপ্ন দেখতে হবে।'

শুধু প্রাক্তন ফুটবল স্টার-রা অতীতে বেঁচে আছে তা নয়। অন্যান্য অনেকেই অতীতের দিনগুলিতেই বেঁচে রয়েছে। স্কুলে ভাল নম্বর পেয়ে পাশ করেছে, 'প্রম'-এ রাজা বা রাণী হয়েছে, খ্যাতনামা বিশ্ববিদ্যালয় থেকে পাশ করেছে বা সামরিক সেবায় কাজ করেছে। অর্থাৎ তাদের সেরা দিনগুলি শুধু অতীতের পাতায় খুঁজে পাওয়া যায়।

২. **যারা শুধুই ছোট ছোট স্বপ্ন দেখে** — রিচ ড্যাড বলেছিলেন, 'এ জাতীয় ভাবুক মানুষ শুধু ছোট স্বপ্ন দেখে, এদের মধ্যে শুধু ছোট স্বপ্ন বাস্তবায়িত করার আত্মপ্রত্যয় আছে। সমস্যাটা হল, এরা জানেন সাফল্য পাওয়া সম্ভব, তা সত্ত্বেও এরা ব্যর্থ হয়।'

এরকম কল্পনাপ্রবণ মানুষের মানসিকতাটা সঠিকভাবে বোঝা গেল না। তারপর, একবার এক ভদ্রলোককে প্রশ্ন করি, 'আপনি যদি প্রচুর অর্থ পান, তাহলে কোথায় ঘুরতে যাবেন?'

তিনি উত্তর দিলেন, 'ক্যালিফোর্ণিয়া যাব, বোনের সঙ্গে দেখা করব, ১৪ বছর আমাদের দেখা-সাক্ষাৎ নেই, তাই আমার বোনটির সঙ্গে দেখা করতে চাই, ওর বাচ্চারা আরও বড় হয়ে ওঠার আগে একবার তাদের দেখতে চাই। সেটাই হবে আমার যথার্থ ভ্রমণ।'

আমি বললাম, 'সে তো মাত্র $ ৫০০ আজই দেখা করে আসতে পারেন?'

'হ্যাঁ, তা পারি। তবে আজ নয়, এখন আমি খুব ব্যস্ত।'

এই ভদ্রলোকের সঙ্গে দেখা হওয়ার পর বুঝলাম, এই রকমের ভাবুক মানুষ প্রায়ই দেখা যায়। এরা চোখে এমন স্বপ্ন নিয়ে সারাটা জীবন কাটিয়ে দেন যা বাস্তবে পাওয়া মোটেই অসম্ভব নয়, তা সত্ত্বেও স্বপ্নটাকে সত্যি করার জন্য যে প্রয়াস করতে হয়, তা করতে এরা রাজি নন। জীবনের শেষে এরা বলেন, 'ঐ কাজগুলো বহু বছর আগেই করা উচিত ছিল। কিছুতেই আর হয়ে উঠল না।'

আমার ধনবান বাবা বলতেন, 'এই ধরণের ড্রিমার (ভাবুক মানুষ) সবচেয়ে বিপজ্জনক। এরা কচ্ছপের মত, নিজেদের নিরাপদ নিরালা আশ্রয়ে সারাজীবন কাটিয়ে দেয়। তুমি যদি তাদের সুরক্ষা কবচটায় সামান্য টোকা দাও অথবা উঁকি দিয়ে দেখার চেষ্টা কর, এরা তোমায় কামড়ে দেবে।' তাই এসব কচ্ছপদের নিজেদের স্বপ্ন নিয়ে ব্যস্ত থাকতে দিন। এদের মধ্যে বেশির ভাগ মানুষ এগিয়ে যেতে রাজি না, তাই এদের খেয়ালখুশি মত বাঁচতে দিন।

৩. **যেসব ড্রিমার কয়েকটি স্বপ্ন সত্যি করে তুলেছে তবে আর কোনও নতুন স্বপ্ন দেখেনি** — একবার আমার বন্ধু বলেছিল, '২০ বছর আগে আমি ডাক্তার হওয়ার স্বপ্ন দেখি। এখন আমি ডাক্তার, তবে এই একঘেয়ে জীবনে আমি আজ খুশি না। আমি ডাক্তার

হিসাবে পরিতৃপ্ত, তবে কোথায় কি যেন নেই।'

এটা কিন্তু স্বপ্ন সত্যি হয়ে ওঠার একটি উদাহরণ — এই ভদ্রলোক স্বপ্নকে বাস্তব করে তুলতে সফল হয়েছেন। তবে ঐ একঘেয়েমির অর্থ — এখন নতুন স্বপ্ন দেখতে হবে। আমার ধনবান বাবা বলতেন, 'অনেকেই হাইস্কুলে পড়াকালীন যা স্বপ্ন দেখত, পরবর্তী জীবনে তাই হয়ে উঠেছে। সমস্যাটা হ'ল, এরা বহু বছর আগে স্কুলের গণ্ডি পেরিয়ে এসেছে। এখন প্রয়োজন নতুন স্বপ্ন, নতুন রোমাঞ্চ।'

৪. *যারা বড় বড় স্বপ্ন দেখে, কিন্তু স্বপ্নকে সত্যি করে তোলার কোনও পরিকল্পনা থাকে না ......* তাই জীবনে কিছুই পায় না। আমরা সবাই এমন শ্রেণীর মানুষকে অল্পবিস্তর চিনি। অনেকে বলেন, 'দারুণ একটা সুযোগ পেয়েছি। আমার প্ল্যানটা বলি শোন,' অথবা 'এবার নতুন কিছু হবে।' কিংবা 'এবার আমার জীবনে নতুন কিছু করছি।' বা 'এবার খুব পরিশ্রম করব, সব পাওনা মিটিয়ে এবার ইনভেস্ট করব।' অথবা 'শুনলাম আমাদের শহরে একটি নতুন কোম্পানি আসছে। এরা আমার মত যোগ্য প্রার্থী খুঁজছে। এবার হয়ত একটি ভালো সুযোগ পাব।'

৫. *যারা বড় বড় স্বপ্ন দেখে, স্বপ্নগুলিকে সত্যি করে তোলে ও আরও বড় স্বপ্ন দেখে ....*
আমার মনে হয় আমরা সকলেই এমন হতে চাই, অন্তত আমি তো তাই চাই — কয়েকটি নেটওয়ার্ক মার্কেটিং ব্যবসা সম্বন্ধে অধ্যয়ন করার পর আমার মধ্যে যে নতুন পরিবর্তনগুলি দেখতে পাই, তার একটি হ'ল আমি আগের চেয়েও বড় স্বপ্ন দেখতে শুরু করলাম। এই ব্যবসা মানুষকে বড় বড় স্বপ্ন দেখা, স্বপ্নগুলিকে সত্যি করে তোলায় উৎসাহ দেয়। বেশির ভাগ চিরাচরিত ব্যবসা মানুষকে ব্যক্তিগত স্বপ্ন দেখতে দিতে চায় না। আমি বহুবার এমন অনেক মানুষের সংস্পর্শে এসেছি যারা বা যাদের বন্ধুরা এমন ব্যবসায় কর্মরত যেখানে স্বপ্নগুলিকে সক্রিয়ভাবে ভেঙে দেওয়া হয়। নেটওয়ার্ক মার্কেটিং ব্যবসায় আমার সম্পূর্ণ সমর্থনের কারণ হল — এরা মানুষকে বড় বড় স্বপ্ন দেখায়, উৎসাহ প্রদান করে, সেই স্বপ্ন বাস্তবে পরিণত করায় সাহায্য করে।

যদি আপনি বড় বড় স্বপ্ন দেখেন, অপরের বড় বড় স্বপ্ন সত্যি করে তোলায় সাহায্য করতে চান, তাহলে নেটওয়ার্ক মার্কেটিং বিজনেস আপনার জন্য। প্রথমে খণ্ডকালীন ব্যবসা শুরু করুন, ব্যবসা বৃদ্ধির সঙ্গে সঙ্গে অন্যদেরও ঐ খণ্ডকালীন ব্যবসায় যোগ দেওয়ায় উৎসাহিত করে তুলুন। যে ব্যবসা ও যে মানুষ অপরের স্বপ্ন সত্যি করে তোলায় সাহায্য করে, সেই ব্যবসা ও মানুষগুলির সঙ্গে কাজ করলে অবশ্যই সুফল পাবেন।

উপযোগিতা #৬ঃ নেটওয়ার্কের উপযোগিতা কি?

১৯৭৪-এ হাওয়াইয়ে, জেরক্স কর্পোরেশনে কাজ করার সময় আমার 'জেরক্স টেলিকপিয়ার' বিক্রি করায় অসুবিধা হচ্ছিল। সমস্যাটা ছিল, টেলিকপিয়ার তখন এক আনকোরা নতুন পণ্য। অন্য সমস্যাটা ছিল, আমাকে প্রায়ই প্রশ্ন করা হ'ত, 'আর কে কে কিনেছে?' অর্থাৎ মাত্র একজন একটি টেলিকপিয়ার কিনলে কোনই লাভ নেই, যদি না অন্যান্য সকলে কেনে ... অর্থাৎ টেলিকপিয়ারের একটি নেটওয়ার্ক থাকা চাই। অনেকেই টেলিকপিয়ারকে 'ফ্যাক্স মেশিন' বলেন। যত বেশি লোক এই নতুন ফ্যাক্স মেশিন কিনতে শুরু করলেন, টেলিকপিয়ারের দামও বেড়ে গেল ... এগুলি বিক্রি করাও সহজ হয়ে উঠল। দশ বছর যাবৎ কঠোর পরিশ্রম করে এই নতুন যন্ত্রগুলি বিক্রি করেছি, এখন প্রত্যেকটি ব্যবসায়িক প্রতিষ্ঠানের কাছে এই যন্ত্র আছে। যখন টেলিকপিয়ারের *নেটওয়ার্ক* তৈরি হল, তখন এগুলির অর্থাৎ ফ্যাক্স মেশিনের মূল্যও বৃদ্ধি পেল।

মেটকাফের আইন

ইথার-নেটের সৃষ্টিকর্তাদের একজন রবার্ট মেটকাফ। সম্প্রতি তিনি থ্রি-কম কর্পোরেশন স্থাপন করেন, এরা অতি জনপ্রিয় 'পাম পাইলট' প্রস্তুত করে। এছাড়াও মেটকাফের আইনের আবিষ্কারের কৃতিত্ব এঁকে দেওয়া হয়, এই আইনানুসারে ঃ

নেটওয়ার্কের আর্থিক মূল্য = ব্যবহারকারীর সংখ্যা^{2}

সরল ভাষায় ব্যাখ্যা

একটি টেলিফোনের কোনই কার্যকারিতা বা মূল্য নেই। তবে যখনই দুটো টেলিফোন থাকবে, মেটকাফের আইনানুসারে, ফোন নেটওয়ার্কের আর্থিক মূল্য দ্বিগুণ হয়ে যাবে। আরেকটি অর্থাৎ তৃতীয় ফোন যোগ করুন, নেটওয়ার্কের আর্থিক মূল্য ৯ হয়ে যাবে। অর্থাৎ

সরল গণিতের হিসাবের ভিত্তিতে নেটওয়ার্কের আর্থিক মূল্যবৃদ্ধি হয় না, হয় বহুগুণ বৃদ্ধি।

পুরাতন অর্থব্যবস্থা বনাম নতুন অর্থব্যবস্থা

পুরাতন অর্থব্যবস্থার সঙ্গে নতুন অর্থব্যবস্থার তুলনা করলে রবার্ট মেটকাফের আইনের বিপুল ক্ষমতা আরও সুস্পষ্ট হয়ে ওঠে। এওএল (অ্যামেরিকা অনলাইন) এক নতুন অর্থব্যবস্থার ব্যবসা, এতে আক্ষরিকভাবে লক্ষ লক্ষ ব্যবসায়িক প্রতিষ্ঠান ও মানুষ জড়িত রয়েছে। যেহেতু এওএলের নেটওয়ার্ক বিশাল, স্টক মার্কেটে এদের মূল্যও পুরানো অর্থব্যবস্থার ব্যবসা থেকে বহুগুণ বেশি .... যেহেতু এই কোম্পানির মূল্য বেশি তাই এওএলের কাছে আছে বিপুল আর্থিক ক্ষমতা, যে ক্ষমতার সাহায্যে এরা এক সুপ্রতিষ্ঠিত তবে পুরাতনী অর্থব্যবস্থার ব্যবসা টাইম-ওয়ার্নারকে কিনে নিয়েছে।

লেখকের মন্তব্য ঃ টাইম-ওয়ার্নার ট্রেড পাবলিশিং রিচ ড্যাড ধারাবাহিক বইগুলির প্রকাশক। এই উল্লেখের উদ্দেশ্য হল, যদিও টাইম-ওয়ার্নার এক পুরানো অর্থব্যবস্থার ব্যবসায়িক প্রতিষ্ঠান তবে এরা অংশীদার হিসাবে এক উৎকৃষ্ট ও প্রগতিশীল কোম্পানি।

পরিশ্রমী মানুষ বনাম নেটওয়ার্কার

আমার বাবার সময়কার সিনেমার হিরো ছিলেন জন ওয়্যান-এর মত মানুষ। ব্যবসায় হিরো ছিলেন জন.ডি. রকফেলার ও জে.পি. মর্গ্যান-এর মত প্রবাদপ্রতিম ব্যবসায়ী। এঁরা ব্যবসায় বিশালাকার সাম্রাজ্য গড়ে তুলেছিলেন, এরা জন ওয়্যানের মত ছিলেন, শক্তিশালী, স্বাধীন .... পরিশ্রমী মানুষ। ব্যবসায়ীর এই ভাবমূর্তি আজও প্রযোজ্য।

তবে ১৯৫০-এর দশকে এক নতুন ধরণের ব্যবসার মডেল ও ব্যবসায়ীর আবির্ভাব হয়। এর মধ্যে একটি ছিল 'ফ্র্যাঞ্চাইস।' ফ্র্যাঞ্চাইস এমন একপ্রকারের নেটওয়ার্ক যেখানে বেশ কয়েকজন ব্যবসায়ী একত্র হয়ে কাজ করেন। যখন প্রথম ফ্র্যাঞ্চাইসের আবির্ভাব হয়, অনেক পুরানো ব্যবসা-প্রতিষ্ঠান এর নিন্দা করেছিল, কেউ কেউ এগুলিকে অবৈধ ঘোষণা করে।

এখন আমরা সকলেই জানি, যে পরিশ্রমী মানুষটা একা নিজের হ্যামবার্গারের দোকান খুলে বসেছে, তার তুলনায় ম্যাকডোনাল্ডের ফ্র্যাঞ্চাইসের মালিকের ক্ষমতা অনেকাংশে বেশি, যদি ঐ পরিশ্রমী মানুষটির হ্যামবার্গারের স্বতন্ত্র দোকানের পাশে ম্যাকডোনাল্ডের দোকান খোলা হয়, সম্ভবতঃ ঐ ব্যক্তির দোকান ম্যাকডোনাল্ডের কাছে টিকতে পারবে না।

যে কোন ব্যবসায়, নতুন ফ্র্যাঞ্চাইসের মূল্য তার সঙ্গী ফ্র্যাঞ্চাইসির উপস্থিতিতে বৃদ্ধি পায়। আমার মনে পড়ে, প্রথম যখন 'মেল বক্স এক্সসেটরা' দেখি, ভেবেছিলাম 'এটা কি', হঠাৎ ফ্র্যাঞ্চাইস বৃদ্ধির ফলে কোম্পানি বিস্তৃত হয়ে পড়ে। কয়েক বছরের মধ্যে দেখলাম কয়েক মাইলের মধ্যে একটি করে মেল-বক্স দাঁড়িয়ে রয়েছে। 'মেটকাফে'র আইনের এ

আরেক উদাহরণ।

আমাদের পাড়ায় বহু বছর যাবৎ একটি ছোট প্যাকেজিং ডাকঘর ভাল ব্যবসা করছিল। ঐ শপিং সেন্টারে (বিপণন কেন্দ্রে) যেদিন মেল বক্স এক্সসেটরা-র ফ্র্যাঞ্চাইস খোলা হ'ল, আগেকার ডাক-ব্যবসা প্রতিযোগিতায় হেরে গেল। আরেকবার নেটওয়ার্কের কাছে হার মানতে হল এক পরিশ্রমী উদ্যোগী মানুষকে।

দ্বিতীয় প্রকারের নেটওয়ার্কের ব্যবসা

দ্বিতীয় প্রকারের নেটওয়ার্কের ব্যবসাকে বলা হয় নেটওয়ার্ক মার্কেটিং। ফ্র্যাঞ্চাইস ব্যবসায় নেটওয়ার্কের পরিবর্তে এখন এসেছে একক ব্যক্তিবিশেষের ফ্র্যাঞ্চাইস নেটওয়ার্ক। এই নতুন ধরণের নেটওয়ার্ক ব্যবসার শুরুতেই নানারকম সমালোচনার মুখোমুখি হতে হয়, এখনও এদের বিরুদ্ধে নানারকম নালিশ শোনা যায়। অথচ এই ইণ্ডাস্ট্রি এখন বহু পুরাতন ব্যবসার নিয়ন্ত্রণ ক্ষেত্রকে ক্রমশ নিজেদের আয়ত্তে নিয়ে এসেছে। মেটকাফের আইনের শক্তিশালী ক্ষমতার দরুণ এই ইণ্ডাস্ট্রি অবিরাম বিকাশ করে চলেছে।

মেটকাফে-র আইনের ক্ষমতা সকলের আয়ত্তে আনার সুযোগ

নেটওয়ার্ক মার্কেটিং-এর বৈশিষ্ট্য হল, এতে মেটকাফের আইনের ক্ষমতা সাধারণ মানুষের, আপনার, আমার আয়ত্তে এসেছে .... তবে এই আইন অমান্য করা চলবে না। যদি এই আইনের বিধি অনুসরণ করে নেটওয়ার্ক মার্কেটিং কোম্পানিতে যোগ দেন, আপনিও সঠিক পথে পদার্পণ করবেন, তবে শুধুই কোম্পানিতে যোগ দিলে এই শক্তি আয়ত্তে আসবে না। যেমন — আপনি টেলিফোন কিনেছেন, অথচ অন্য কারুর কাছে ফোন নেই।

তাই ক্ষমতা আয়ত্তাধীন করার জন্য আপনাকে আপনার মতই কাউকে তৈরি করতে হবে। যখন আপনারা দু'জন ব্যবসা করবেন, আপনার আর্থিক মূল্য দ্বিগুণ হয়ে যাবে। আপনার নেটওয়ার্কের মূল্য শূন্য থেকে চারে পৌঁছে যাবে। আপনারা দলে তিনজন হলে, আপনার নেটওয়ার্কের মূল্য ঐ চার থেকে নয় হয়ে যাবে। আপনি যে দু'জনকে ব্যবসায় অন্তর্ভুক্ত করবেন, তাদের প্রত্যেকে আরও দু'জন করে লোক আনলে আপনার নেটওয়ার্ক ব্যবসা দ্রুত আকাশ ছুঁয়ে যাবে। গণিতের সহজ হিসাবমাফিক কাজ না করে আপনার মূল্য বহুগুণ বৃদ্ধি পাবে। এটি নেটওয়ার্ককৃত ব্যবসার ক্ষমতা ও উপযোগিতা।

আমার মতে, একক প্রচেষ্টায় ব্যবসা গড়ে তোলার জন্য পরিশ্রম করার পরিবর্তে নেটওয়ার্ক গড়ে তোলায় মনোনিবেশ করা বেশি লাভজনক। যেমন — আপনি একা 'ক' বিন্দু থেকে 'খ' বিন্দুতে যে ক'টা পাথর তুলে নিয়ে যেতে পারবেন, আপনারা ন'জন মিলে অনেক বেশি পাথর তুলে নিয়ে যেতে পারবেন, আপনি নিজে অন্য আটজনের তুলনায় যদি মাত্র ১০% আয় করেন, আপনার পক্ষ থেকে কোনরকম পরিশ্রম ছাড়াই কিন্তু আপনি

৮০% আয় করবেন।

যে কোনও পেশাদার যথা – ডাক্তার, উকিল, অ্যাকাউন্ট্যান্ট ও অন্যান্য শক্তসামর্থ পরিশ্রমী মানুষের তুলনায় একজন সফল নেটওয়ার্ক ব্যবসায়ী অনেক বেশি ক্ষমতাসম্পন্ন। নেটওয়ার্ক মার্কেটিং ব্যবসার এক গুরুত্বপূর্ণ বিষয় মেটকাফের আইন। ..... এই আইনের সাহায্যে এই ক্ষমতার তফাৎটা সহজেই ব্যাখ্যা করা যায়।

নেটওয়ার্কের ভবিষ্যত

আপনি হয়ত লক্ষ্য করেছেন, বড় বড় স্বতন্ত্র ব্যবসা প্রতিষ্ঠানগুলি আজকাল নেটওয়ার্ক গড়ে তুলছে। এবং সেইজন্যই টাইম-ওয়ার্নার এওএল-এর সঙ্গে হাত মিলিয়েছে। এই দুটি অভাবনীয় শক্তিসম্পন্ন কোম্পানিরা একত্র হয়ে ব্যবসা জগতে বিপুল আলোড়ন সৃষ্টি করতে পারে।

'ওয়ার্ল্ড ওয়াইড ওয়েব' অর্থাৎ 'ইন্টারনেট' ব্যবসা জগতে আমূল পরিবর্তন এনেছে। ইন্টারনেটের সাহায্যে আরও বেশিসংখ্যক ব্যবসা সংগঠন ও মানুষ আজ একসঙ্গে মিলে নেটওয়ার্ক হিসাবে কাজ করতে সক্ষম। ইন্টারনেটের সাহায্যে মুহূর্তে তথ্য আদান-প্রদান করা যায়। ব্যবসা জগতে পরিশ্রমী, শক্তসামর্থ ব্যবসাদারের উপস্থিতি সবসময় থাকবে, তবে আমার বিশ্বাস, যেসব ব্যবসা প্রতিষ্ঠান ও মানুষ একত্র হয়ে নেটওয়ার্ক গড়ে কাজ করবে তাদের ভবিষ্যত আরও উজ্জ্বল ও আরও লাভজনক হবে।

উপযোগিতা #৭ ঃ মূল্যবোধ কিভাবে আপনার যথার্থ সত্য নির্ধারণ করবে

'মূল্যবোধ এত গুরুত্বপূর্ণ কেন?' আমি যাদের ব্যবসা শুরু করা ও গড়ে তোলার ব্যাপারে বোঝাচ্ছিলাম, তাদের মধ্যে একজন প্রশ্ন করলেন।

প্রশ্নটি জরুরি, খানিকক্ষণ চিন্তা করে উত্তর দিলাম, 'কারণ এই মূল্যবোধগুলি আমাদের জীবনের সত্য নির্ধারণ করে।'

একটি হাত উঠল, পরের প্রশ্নটি ছিল, 'কিভাবে?'

উত্তরে বললাম, 'যাদের জন্য চাকরিতে নিরাপত্তা জরুরি, সম্ভবত তাদের জীবনের সত্য ই কোয়াড্রান্টের সত্যের অনুরূপ। এরা ই কোয়াড্রান্ট থেকে জগতকে দেখছে ও ভাবছে, এরা নিজেরা শুধুই কর্মচারি অথচ অনেকে ব্যবসার মালিক হয়ে ওঠে, এই পার্থক্যটা কেন? অনেকেই বোঝে না, তাদের মূল মূল্যবোধ তাদের জীবনের সত্য নির্ণয় করে। এরা যাদের জন্য কাজ করছে,সেই বি কোয়াড্রান্টের মানুষের মূল মূল্যবোধগুলি এরা দেখতে অক্ষম, কারণ মূল্যবোধ চোখে দেখা যায় না, তবে বিভিন্ন কোয়াড্রান্টের মানুষের মূল্যবোধ ভিন্ন।'

যে ব্যক্তি প্রশ্নটি করেছিলেন, চুপ করে বসে পড়লেন, শেষে বললেন, 'ও'।

আমার আলোচনায় ফিরে এলাম, 'যারা পরিশ্রমী, যারা নিজের হাতে কাজ করতে চায়, বা যারা বিশেষজ্ঞ হতে চায়, তারা সাধারণত এস কোয়াড্রান্টের অনুগামী। এরা নিজেকে বলে, 'কাজ ঠিকমত করতে হলে নিজের হাতে করা উচিত', বা বলে 'আজকাল ভাল, পরিশ্রমী কাজের লোক পাই না।'

প্রাপ্তবয়স্ক ছাত্রদের দিকে তাকিয়ে বুঝলাম, এদের মধ্যে অনেকেই মনে মনে নিজের মূল্যবোধ বিশ্লেষণ করছে।

'অর্থাৎ মূল্যবোধে পরিবর্তন না আনলে কোয়াড্রান্ট বদলাতে অসুবিধা হবে?' যিনি প্রথমে প্রশ্ন করেছিলেন, তিনি আবার জিজ্ঞাসা করলেন।

সামান্য হেসে উত্তর দিলাম, 'আমার বাস্তব অভিজ্ঞতা তাই। অন্তত তাই তো মনে হয়। যদি চাকরির নিরাপত্তা আপনার মূল মূল্যবোধ হয় তাহলে আপনার পক্ষে স্বাধীনতাপ্রিয় বি কোয়াড্রান্টের মানুষ হয়ে ওঠা কঠিন। আগেও বলেছি, বি কোয়াড্রান্টের মানুষ অল্প পরিশ্রম করে, কারণ অন্যান্যরা তার জন্য পরিশ্রম করে। এস কোয়াড্রান্টের মানুষের পক্ষে বি কোয়াড্রান্টভুক্ত হওয়া কষ্টসাপেক্ষ, কারণ তার দৃঢ়বিশ্বাস তিনি নিজে যত ভালোভাবে একটা দায়িত্ব পূরণ করতে পারেন তেমন ভালোভাবে অন্য কেউ করতে পারবে না। তার মূল মূল্যবোধ তার জীবনের সত্য নির্ধারণ করছে। যদি আপনার মনে হয় চাকরিতে নিরাপত্তা খুবই জরুরি, অথবা মনে করেন যে আপনার চেয়ে ভালমত আর কেউ কাজ করতে পারবে না, তাহলে এই মূল্যবোধগুলি আপনার জীবনের বদ্ধমূল ধারণা, আপনার সত্য হয়ে উঠবে।'

এক অল্পবয়সী উকিল হাত তুললেন, বললেন, 'আমার মনে হয় নিজের কাজটা আমি ছাড়া আর কেউই ঠিকমত করতে পারবে না, একমাত্র আমি তা পারব। একেই কি আমার মূল্যবোধ বলবেন, এটাই কি আমার জীবনের সত্য নির্ধারণ করছে?'

'ভাল উদাহরণ দিয়েছেন', উত্তর দিই আমি, 'যথার্থ বি কোয়াড্রান্টের মানুষ সবসময় এমন লোক খুঁজে বার করে যে তার চেয়ে বেশি স্মার্ট, বেশি কর্মপটু। এমন স্মার্ট লোক কাজে নিযুক্ত করে সে নিজের অবসর সময়ে অন্যান্য কাজে মনোনিবেশ করতে পারে। এদিকে আপনি কঠোর পরিশ্রম করছেন, খুব ভাল কাজ করছেন এবং যেহেতু আপনি নিজের কাজে সুদক্ষ, আপনার মক্কেলরা তাদের বন্ধুদেরও আপনার কাছে পাঠাচ্ছে। সমস্যাটা হল, প্রতিটি নতুন মক্কেলের শুধু আপনাকেই চাই। তাই আপনি আরও পরিশ্রম করছেন, আর বেশি আয় করছেন, তা সত্ত্বেও আপনার আয় সীমাহীন না; আপনার বিশ্বাস, আপনার মত ভাল কাজ আর কেউ জানে না।'

তরুণ উকিল চুপ করে সব শুনলেন। তারপর বললেন, 'মানে এস কোয়াড্রান্টের উকিল হওয়ার ফলে আমার আয়ের ক্ষমতা সীমিত কারণ আমার সময় সীমিত। যদি বি কোয়াড্রান্টের উকিল হতে চাই, আমার মূল মূল্যবোধ বদলাতে হবে। বিশ্বাস করতে হবে, অন্যরা আমার চেয়ে বেশি ভালমত কাজ করতে পারে।'

'ঠিকই বুঝেছেন,' হেসে বলি আমি, 'এখন একটাই সমস্যা — তা হল আপনার মূল মূল্যবোধগুলি চিনতে শেখা।'

'কিন্তু তারা যদি আমার চেয়ে বেশি স্মার্ট হয়, আমার কাছে তাদের আসার দরকার কি?' উকিল ভদ্রলোক বললেন।

'মনে হচ্ছে এখন আপনার মূল্যবোধ নিজের যুক্তি দাঁড় করাচ্ছে', হেসে বলি, 'এই দ্বন্দ্ব ও সন্দেহগুলি আপনার মূল্যবোধের যুক্তি ও আপনার জীবনের প্রত্যক্ষ সত্য। যেহেতু আপনার মনে ভয় রয়েছে যে আপনার তুলনায় স্মার্ট সুদক্ষ পেশাদারদের আপনার প্রয়োজন নেই, আপনি তাই আরও স্মার্ট হওয়ার চেষ্টা করবেন, আরও ফাঁদে আটকে পড়বেন।

যেহেতু আপনি সবসময় সবার চেয়ে স্মার্ট হয়ে ওঠার চেষ্টা করেন, তাই অন্যদের যথেষ্ট স্মার্ট ও আপনার কাজের দায়িত্ব নেওয়ার উপযুক্ত মনে করেন না। আপনার মত স্মার্ট মানুষ প্রায়ই আরও স্মার্ট হয়ে ওঠার তাগিদে নিজেদের জগতে আটকে পড়েন। আপনার হয়ত মনে আছে, এস কোয়াড্রান্টের ব্যাখ্যায় আমি বলেছিলাম এস-এর আরেকটি অর্থ *স্মার্ট*। তাই এস কোয়াড্রান্টে রয়েছে আপনার মত স্মার্ট মানুষ, আর বি কোয়াড্রান্টে পাবেন আমার মত কতগুলি বোকা মানুষ। একবার আমার স্কুলের শিক্ষক আমায় মূর্খ বলেছিলেন, আমি ভাবলাম এই মূর্খামিকেই তাহলে জীবনের হাতিয়ার বানিয়ে এগোই। আপনি স্মার্ট হওয়াটাকে জীবনে সঠিকভাবে কাজে লাগিয়েছেন ..... তাই আপনার ও আমার জীবনের সত্যগুলি ভিন্ন, আমরা পৃথক পৃথক কোয়াড্রান্টে কাজ করছি।'

'তাই বোধহয় আপনি বি কোয়াড্রান্টে সফল আর আমি এখনও এস কোয়াড্রান্টে খেটে চলেছি', উকিলবাবু হাসলেন, 'বি কোয়াড্রান্টের উকিল হওয়ার আগে আমার মূল নীতিগুলি বদলাতে হবে।'

'ঠিক বলেছেন,' আমি উত্তর দিলাম, 'কারুর সঙ্গে আমার মতভেদ দেখা দিলে তা প্রায়ই ঐ নীতি বা মূল্যবোধে মতানৈক্যের জন্যই হয়। তাই, প্রায়ই শুনতে পাই. লোকে বলছে, 'ব্যবসা করতে গেলে ঝুঁকি নিতে হয়।' অথবা, 'আজকাল সুদক্ষ কর্মী পাওয়া যায় না।' বা, অনেকে আমার সঙ্গে তর্ক করে, 'আপনার ইনভেস্টমেন্টে একমাসে ১০০% কিছুতেই ফেরত পাবেন না', এরকম আবেগতাড়িত কথাবার্তা শুনে বুঝতে পারি বক্তার মূল মূল্যবোধগুলিতে দ্বন্দ্ব দেখা দিয়েছে। তাই কোয়াড্রান্ট পরিবর্তন করার সময় মূল্যবোধের গুরুত্বপূর্ণ ভূমিকা থাকে।'

'অর্থাৎ কেউ যদি বলেন, 'ব্যবসা শুরু করা ঝুঁকির ব্যাপার' ঐ ভদ্রলোক তার ব্যক্তিগত ধারণা, ব্যক্তিগত মূল্যবোধের কথা বলছেন, এ ক্ষেত্রে মূল্যবোধটি হল নিরাপত্তার অনুভূতি।'

সম্মতিসূচক মাথা নেড়ে বলি, 'আমার অভিজ্ঞতা তাই।' এক মুহূর্ত চিন্তা করে আবার বলে উঠলাম, 'আমি প্রায়ই লোকমুখে একটি কথা শুনেছি — 'ব্যবসা শুরু করা ঝুঁকির ব্যাপার।' এসব লোকেদের যখন জীবিকার ব্যাপারে প্রশ্ন করেছি প্রায় সকলেই বলেছেন যে তারা হয় কর্মচারি তা নাহলে স্ব-নিযুক্ত। ব্যবসা আরম্ভ করা বা ইনভেস্টার হয়ে টাকাকড়ি বিনিয়োগ করা তাদের মূল নীতিবোধে বাধা সৃষ্টি করে।'

ঘরের পেছন দিক থেকে হাত উঠল, 'ব্যবসায় ঝুঁকি তো রয়েছেই, তাই না? এও তো সত্যি যে প্রথম পাঁচ বছরে বেশির ভাগ ব্যবসা অসফল হয়,' এই প্রশ্নে ভীতির প্রকাশ ছিল।

'মনে হচ্ছে আপনার মূল মূল্যবোধ এ প্রশ্ন করছে?' আমি বললাম।

'কিন্তু কথাটা তো ভুল নয়,' ভদ্রলোক জোর গলায় বললেন, তিনি দাবি করলেন,

'সব ব্যবসার অন্তত ৯৫% প্রথম পাঁচ বছরেই ব্যর্থ হয়।'

'হ্যাঁ, কথাটা সত্যি,' উত্তরে বললাম, 'আমি শুধু বলছি এ প্রশ্ন আপনার মূল মূল্যবোধের প্রশ্ন।'

'যা সত্যি তা তো মেনে নিতেই হবে', ভদ্রলোক চেঁচিয়ে বললেন, 'ব্যবসা আরম্ভ করার ব্যাপারে জানার জন্য আমি টাকা দিয়ে এই ক্লাসে শিখতে এসেছি, এখনও আপনি আমাকে জানাননি সত্যিকার তথ্যগুলি কিভাবে অতিক্রম করতে হবে। গত ২০ মিনিট যাবৎ আপনি শুধুই মূল নীতিবোধ ও জীবনের সত্য সম্বন্ধে বাজে বক্বক্ করে চলেছেন।'

'আমাকে তাহলে তথ্যগুলি আরেকবার বলুন,' শান্তভাবে প্রশ্ন করি। মনে হল ভদ্রলোককে আর উত্ত্যক্ত করা বাঞ্ছনীয় নয়।

'তথ্য এই যে, যারা ই থেকে বি কোয়াড্রান্টে গিয়ে ব্যবসা শুরু করেন, তাদের মধ্যে ৯৫% প্রথম পাঁচ বছরেই অসফল হয়। আমি এখানে শুনতে এসেছি এই অসফলতা কিভাবে অতিক্রম করা যায়। আমি মূল্যবোধ সম্বন্ধে বক্তৃতা শুনতে চাই না।'

গভীর শ্বাস নিয়ে বললাম, 'আপনার কথাগুলি সঠিক, স্বীকার করছি, তবে আপনি একটা বিষয় উপেক্ষা করছেন, নতুন কোম্পানিগুলির মধ্যে ৫% কিন্তু সফল হচ্ছে। যাদের নিরাপত্তার মূল্যবোধ সুগভীর তারা শুধু ৯৫% অসফল ব্যবসায়ীদের দেখছেন, ৫% সফল মানুষগুলিকে দেখছেন না।'

'তা আমি যাতে ঐ ৯৫% অসফল মানুষগুলির একজন না হই সেজন্য কি করতে হবে?' একটু শান্ত হয়ে ভদ্রলোক জিজ্ঞাসা করলেন।

'আপনার মূল মূল্যবোধ বদলে দিন,' উত্তর দিলাম, 'আপনার চাকরির নিরাপত্তার মূল্যবোধ আপনাকে ৯৫% অসফল মানুষগুলিকে দেখাচ্ছে। এবং এটাই আপনার জীবনের সত্য, যা শুধু ঝুঁকি ও অসফলতাকে দেখাচ্ছে।'

'আপনি দেখতে পাচ্ছেন সফল মানুষগুলিকে?' ভদ্রলোক রেগে তর্ক শুরু করে দিলেন।

'নিশ্চয়ই', আমি বললাম, 'আমি মাইক্রোসফ্টের প্রতিষ্ঠাতা বিল্ গেটস্-কে দেখতে পাচ্ছি, দেখতে পাচ্ছি 'বডিশপ'-এর স্রষ্টা অ্যানিটা রডিক-কে। যারা জীবনে সফল হয়েছে তাদের সকলকেই দেখতে পাচ্ছি। আর যা দেখছি সেই তুলনায় ৯৫% ঝুঁকি নগণ্য।'

'আপনার জন্য বলা সহজ, কারণ আপনি যে সফল', ভদ্রলোক তর্ক করতে লাগলেন, 'আপনি যে ৫% সফল মানুষের একজন।'

'হ্যাঁ, আমি সফল', আমি বললাম, 'তবে আজ আমি সফল কারণ একদিন আমি ৯৫% ব্যর্থদের দলে স্বেচ্ছায় যোগ দিতে চেয়েছিলাম। যদি *রিচ ড্যাডস্ ক্যাশফ্লো কোয়াড্রান্ট* পড়েন, তাহলে দেখবেন প্রথম অধ্যায়ে আমি জানিয়েছি, প্রায় তিন সপ্তাহ যাবৎ আমি ও আমার স্ত্রী গৃহহীন, নিরাশ্রয় ছিলাম। কারণ, আমার ব্যর্থতা। সাফল্য পাওয়ার আগে দু-

দুবার আমি ঐ ৯৫% এর একজন ছিলাম। আজও আমি ঐ অসফল ৯৫% র একজন। কারণ সম্প্রতি আমার বেশ কয়েকটি বি কোয়াড্রান্ট ব্যবসা মার খেয়েছে। আমার ও আমার ইনভেস্টারদের কয়েক মিলিয়ন ডলার ব্যবসায় হারিয়েছি ... তা সত্ত্বেও আমার লক্ষ্য ঐ শতকরা পাঁচজন সফল মানুষ। এটাই আমার জীবনের সত্য। যেহেতু আমার দৃষ্টি ঐ পাঁচ শতাংশে নিবদ্ধ তাই আমি সহজেই বাকি ৯৫% শতাংশের মহাসাগর পেরিয়ে যেতে পারছি। যারা বি কোয়াড্রান্টে পৌঁছায়, তারা ৯৫% শতাংশ এবং ৫% শতাংশ দুটো দলকেই দেখতে পায়। তবে যাদের জন্য চাকরির নিরাপত্তাই যথাসর্বস্ব, তারা শুধুই অসফল ৯৫% শতাংশদের দেখতে পায়।'

'আপনার কি হেরে যেতে ভালো লাগে? অসফল হলে দুঃখ হয় না?' ভদ্রলোক একটু শান্ত হয়ে জিজ্ঞাসা করলেন।

'অনেকের থেকে অনেক বেশি দুঃখ হয়,' আমি বলি, 'এত দুঃখ হয় যে সেই অনুভূতি আমায় এগিয়ে যাওয়ার প্রেরণা দেয়। প্রথম দুটো ব্যবসা ফেল হওয়ার পর অনেকদিন যাবৎ খুবই বিমর্ষ ছিলাম। হঠাৎ মনে হল এই দুঃখের জন্য আমার এগিয়ে যাওয়ার পথে বাধা পড়ছে। হেরে যাওয়ার দুঃখ থেকে শিখলাম, জীবনে সংশোধনের চেষ্টা করলাম। পড়াশোনা করে আমার ব্যর্থতার কারণগুলি খুঁজতে শুরু করলাম। হেরে যাওয়ার দুঃখকে আমার জিতের কারণ করে তুললাম। তখন আমার ধনবান বাবা বলেছিলেন, 'অসফল মানুষ হেরে যাওয়াটাকে অজুহাত বানিয়ে বারবার অসফল হয়, অথচ সফল মানুষ ঐ হেরে যাওয়াটাকেই সাফল্যের কারণ করে তোলে।' উনি একথাও বলেছিলেন, 'যারা হারতে চায় না তারাই বারবার হেরে যায়।' তিনি আরও বলতেন, 'অসফল মানুষকে দেখলেই চেনা যায়। তুমি যে কাজটা করছ সে কাজে যে কখনও সফল হওয়া সম্ভব নয়, তোমার কাজটা যে কতখানি বিপজ্জনক তা বোঝানোর জন্য এরা উঠে পড়ে চেষ্টা করে।'

'তা ঝুঁকির মোকাবিলা করার জন্য আপনি কি করেন?' ভদ্রলোক দিজ্ঞাসা করলেন।

'ঝুঁকি তো শিক্ষার অংশবিশেষ,' আমি বলি, 'বেঁচে থাকাটাই তো একটা ঝুঁকি। প্রতিদিন আমরা গাড়িতে চড়ে কাজের জন্য রওনা হই, সেটাই তো একটা ঝুঁকি ... বিরাট ঝুঁকি। যখন ছোট ছিলাম, আমার প্রতিবেশীর বাবা একদিন সকালবেলায় কাজের জন্য রওনা হয়ে আর ফিরে এলেন না। বাড়ি থেকে খানিকটা দূরে চারটে গাড়ির দুর্ঘটনায় তার মৃত্যু হয়। তা সত্ত্বেও আমরা সকলেই গাড়ি চালাই। যারা ঝুঁকি নিতে ভয় পায় তারা জীবনকে ভয় পায়, শিখতে ভয় পায়।'

'আপনার প্রতিবেশীর মৃত্যুর ভয়াবহ ঘটনাটা আবার শোনাচ্ছেন কেন?' ঐ ভদ্রলোক তখনও আমার সঙ্গে ঝুঁকির ব্যাপারে তর্ক করে চলেছে।

'কারণ গাড়ি কি সাইকেল চালানোর তুলনায় বি কোয়াড্রান্টে যাওয়া ও ধনী হয়ে

ওঠায় ঝুঁকির সম্ভাবনা যৎসামান্য,' আমি উত্তর দিই, 'তা সত্ত্বেও, আপনার মূল মূল্যবোধ যেমন তাতে এই ধনবান হয়ে ওঠা হয়ত আপনার জন্য গাড়ি চালানোর চেয়ে বেশী বিপজ্জনক মনে হবে। এক কোয়াড্রান্ট থেকে অন্য কোয়াড্রান্টে যাওয়াটা মনের ব্যাপার, মনের যাত্রা। গাড়ি করে বাড়ি থেকে কাজে যাওয়াটা বাইরের ব্যাপার .... আপনি খুব ভাল গাড়ি চালাতে জানলেও এখানে ঝুঁকির সম্ভাবনা খুবই বেশি।'

আপনার মূল মূল্যবোধের ভিত্তিটা কি?

ক্লাস প্রায় শেষের পর্যায়। ১০ মিনিট বাকি। যে ভদ্রলোক ৯৫% অসফলতা নিয়ে তর্ক করছিলেন তিনি তখনও অসন্তুষ্ট। ক্লাসে আরও কয়েকজন ছিলেন যারা তখনও সন্দিহান। বুঝতে পারছিলাম, জীবনের সত্য নির্ধারণে মূল নীতিবোধের ভূমিকা সম্বন্ধে আজকের পাঠ্যবিষয় অনেকেই স্বীকার করতে রাজি ছিলেন না।

একটি ছাত্রী অনেকক্ষণ যাবৎ চুপ করে বসেছিলেন, হঠাৎ হাত তুললেন, 'যদি মূল্যবোধ জীবনের সত্য নির্ধারণ করে, মূল্যবোধ কিভাবে নির্ধারণ করা হয়?'

'ভাল প্রশ্ন,' হেসে বলতে শুরু করলাম, 'এরকম একটা প্রশ্ন আশা করছিলাম।' ফ্লিপ চার্টে লার্নিং পিরামিডের নকশাটা আঁকলাম।

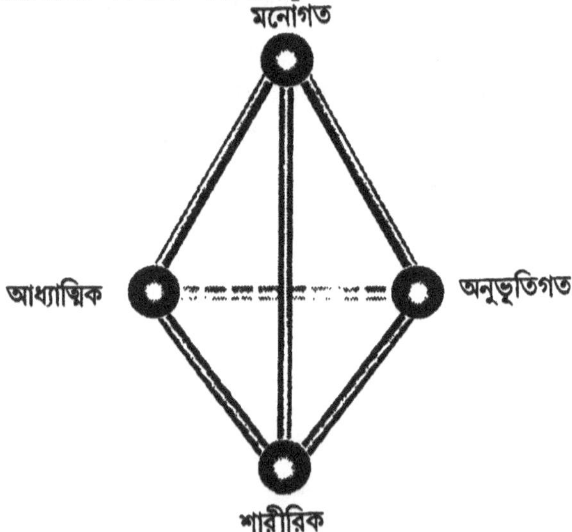

দলটিকে বোঝাতে শুরু করলাম, 'আগেই বলেছি, জীবন পরিবর্তনকারী শিক্ষা মানুষের শিক্ষা পিরামিডের সবকটি অর্থাৎ চারটে বিন্দুকে প্রভাবিত করে। যেমন নিজের হাতে গাড়ি না চালালে কিছুতেই গাড়ি চালানো শেখা যায় না।'

'গাড়ি চালানো আর কোয়াড্রান্ট বদলানো কি এক ব্যাপার?' একজন অংশগ্রহণ কারী প্রশ্ন করলেন।

'হ্যাঁ .... প্রায় একই প্রকারের,' উত্তর দিই আমি, 'মূল মূল্যবোধের পার্থক্য কোথায় বলি। ধরুন আপনি গাড়ি চালাতে ভয় পান। ঐ ভয় থেকে কি জাতীয় মূল্যবোধ গড়ে উঠবে? মনে মনে আপনি কি চিন্তা করবেন, শারীরিকভাবেই বা কি করবেন?'

ক্লাসের সকলে কিছুক্ষণ চিন্তা করল, শেষে একজন বললেন, 'যদি গাড়ি চালাতে খুব ভয় পাই, তাহলে বাড়িতে বসে সময় কাটাতে চেষ্টা করব। যেহেতু আমার মনে হবে গাড়ি চালানো বিপজ্জনক, তাই টেলিভিশনে ট্র্যাফিক অ্যাক্সিডেন্টগুলি দেখব। বিকালের খবরে ঐ সব দুর্ঘটনা দেখে আরো বেশি ঘরকুনো হওয়ার যুক্তি খুঁজে পাব, আরও বেশি দুর্ঘটনা দেখব।'

'ধন্যবাদ,' আমি বললাম, 'খুব ভালো বর্ণনা দিলেন।' ক্লাসের উপস্থিত সকলের দিকে তাকিয়ে বললাম, 'আপনাদের মধ্যে কে কে এরকম জীবনযাপন করতে চান?'

কেউ হাত তোলেনি।

'পরের প্রশ্নটা হ'ল,' আমি হেসে বলি, 'ঝুঁকির সম্ভাবনা থাকা সত্ত্বেও আপনাদের মধ্যে ক'জন গাড়ি চালাতে ভালবাসেন?'

ক্লাসে এবার অজস্র হাত উঠল।

'আপনাদের মধ্যে ক'জন সুন্দর সমুদ্রসৈকতে অথবা পাহাড়ের গায়ে লম্বা, আঁকাবাঁকা নির্জন পথে গাড়ি চালিয়েছেন ও অদ্ভুত, প্রায় আধ্যাত্মিক আনন্দ অনুভব করেছেন?'

আবার অনেকগুলি হাত উঠল। একটি অল্পবয়সী মেয়ে উঠে দাঁড়িয়ে বলল, 'গত গরমে আমার ছোট্ট লাল স্পোর্টস্‌ গাড়িটার হুড নামিয়ে সমুদ্রে ধার দিয়ে এল. এ থেকে সানফ্রান্সিসকো পর্যন্ত চালিয়ে গিয়েছিলাম, আমার জীবনে সে এক সেরা অভিজ্ঞতা।

আরেকজন হাত তুললেন, 'সম্প্রতি পরিবারের সকলকে নিয়ে রকি মাউন্টেনের পেছনদিকের পথটা ধরে ড্রাইভ করে গেলাম। মনে হচ্ছিল স্বর্গে পৌঁছে গিয়েছি।'

আরো অনেকে অনেক কথা বলতে চাইছিলেন; যারা নিজেদের অভিজ্ঞতার গল্প শোনালেন তাদের ধন্যবাদ জানিয়ে আবার আমার নকশার প্রতি সকলের দৃষ্টি আকর্ষণ করলাম। সময় শেষ, এবার সভা ভাঙার পালা। লার্নিং পিরামিড দেখিয়ে বললাম, 'যাদের জন্য চাকরির নিরাপত্তা গুরুত্বপূর্ণ, তাদের সেই ধারণায় শক্তিসঞ্চার করে লার্নিং পিরামিডের আবেগগত বিন্দুটি।'

আবার একটা হাত উঠল, প্রশ্ন ছিল, 'আপনি বলছেন মূল্যবোধের মূলে রয়েছে মানুষের আবেগ অনুভূতি?'

'সবসময় না', আমি বলি, 'যার জন্য চাকরির নিরাপত্তা জরুরি তার ক্ষেত্রে ভয়ের অনুভূতি তার মূল্যবোধ নির্ধারণ করছে এবং এই মূল্যবোধ তার সত্য নির্ধারণ করছে। খুব সরলভাবে বলতে গেলে চাকরির নিরাপত্তা ছাড়তে যে ভয় পায় তার অবস্থা ঐ দুর্ঘটনার ব্যাপারে আতঙ্কিত লোকটির মত যে সারাদিন ঘরে বসে দুর্ঘটনার খবর দেখে।'

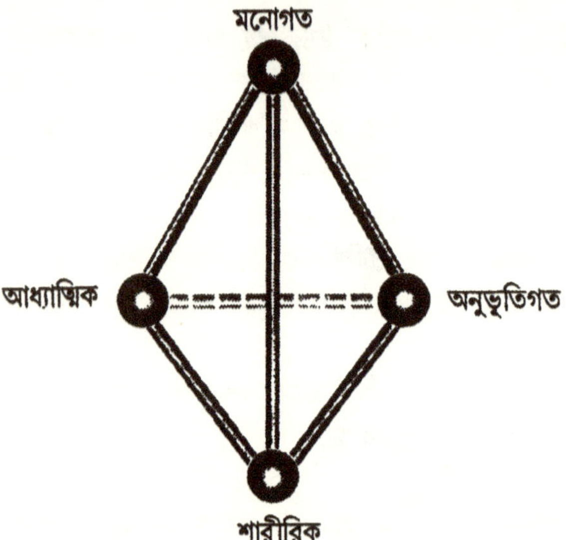

'এস কোয়াড্রান্টের মূল মূল্যবোধেও কি ভয়ের অনুভূতি বিদ্যমান?' আরেকজন জিজ্ঞাসা করলেন।

'বেশির ভাগ ক্ষেত্রে তাই হয়,' আমি বললাম, 'তবে এটা আবার অন্যরকম ভয়। এটা হ'ল আস্থার অভাব। এস-রা শুধুই নিজেদের বিশ্বাস করে ..... বা যারা নিজেদের বিশ্বাসযোগ্য প্রমাণিত করতে পেরেছে শুধু তাদের ওপর আস্থা রয়েছে। অবিশ্বাসের ফলে এরা অর্থাৎ এই পরিশ্রমী মানুষগুলি অন্যদের বিশ্বাস করতে পারে না, নিজের হাতে সব কাজ করে। অপরের প্রতি আস্থার অভাব এদের জীবনের সত্য। বেশির ভাগ ক্ষেত্রে, ই কোয়াড্রান্টের মানুষের আয়ের পথে যেমন চাকরির নিরাপত্তা বাধা সৃষ্টি করে তেমনি এই কোয়াড্রান্টের মানুষের উপার্জনের পথে বাধা এদের বিশ্বাসের অভাব। মনে রাখবেন, খুব সরলভাবে ব্যাপারটা বোঝাচ্ছি। এটা বিজ্ঞান নয়। আমাদের সবার মানসিক গঠন ভিন্ন, বিভিন্ন পরিস্থিতিতে আমাদের ভিন্ন ভিন্ন প্রতিক্রিয়া হওয়া স্বাভাবিক। আমরা সকলেই জীবনে ভয় ও আস্থার অভাব দুটোই পেয়েছি, অনুভব করেছি। আলাদা আলাদা মানুষের মনে এই অনুভূতির ফলে ভিন্ন ভিন্ন প্রভাব পড়ে।'

একজন ছাত্র দাঁড়িয়ে বলল, 'আপনি বলছেন আমার মূল মূল্যবোধের ভিত্তিতে রয়েছে আমার ভয়ের আবেগ ও বিশ্বাসের অভাব? আমার অনুভূতিগুলি আমাকে এস কোয়াড্রান্টে বেঁধে রেখেছে?'

'এ প্রশ্নের উত্তর আপনাকেই খুঁজতে হবে,' আমি বলি, 'আমি তো বলেইছি এটা বিজ্ঞান নয়, আমরা প্রত্যেকেই আলাদা। ক্লাস শেষ হওয়ার পর শান্ত মনে নিজেকে এই প্রশ্নটা জিজ্ঞাসা করুন। নিজের উত্তর আপনি নিজেই খুঁজে পাবেন।'

ছাত্রটি দাঁড়িয়ে দাঁড়িয়ে কথাগুলি চিন্তা করতে লাগল। আমার উত্তরে সে সন্তুষ্ট

হয়নি, আবার প্রশ্ন করল, 'বি এবং আই কোয়াড্রান্টে আপনার মূল মূল্যবোধের পেছনে কি ধরণের অনুভূতি কাজ করে?'

'আমি এই প্রশ্নই প্রত্যাশা করেছিলাম,' আমি বললাম, 'এই উত্তরটা জানানোর পর আমার ক্লাস শেষ, তারপর আপনাদের প্রত্যেককে নিজের উত্তর, নিজের মূল্যবোধ খুঁজে বার করতে হবে।'

'আপনার উত্তরটা কি?' একজন ছাত্র গত ১৫ মিনিট যাবৎ উঠে চলে যাওয়ার উদ্যোগ করছিল, সে এই প্রশ্নটা করল। দরজার কাছে দাঁড়িয়ে, তবু উত্তর না জেনে সে যেতে পারছে না।

'আমার উত্তর হ'ল, বি কোয়াড্রান্টে আমার যে মূল্যবোধগুলি রয়েছে তার ভিত্তি লার্নিং পিরামিডের ইমোশনাল পয়েন্ট নয় অর্থাৎ আমার মূল্যবোধ আবেগতাড়িত নয়। আমার বি কোয়াড্রান্টের মূল্যবোধের ভিত্তি পিরামিডের আধ্যাত্মিক বিন্দু।'

'আধ্যাত্মিক বিন্দু?' দরজার পাশে দাঁড়ানো ছাত্রটি প্রশ্ন করল, 'তা কেমন করে সম্ভব?'

'কারণ আবেগের বিন্দু ও আধ্যাত্মিক বিন্দু দুটো বিপরীতমুখী,' আমি বললাম, 'যেমন চাকরির নিরাপত্তার বদলে আমি স্বাধীনতা খুঁজি। স্বাধীনতা এক আধ্যাত্মিক বোধ, অথচ নিরাপত্তা এক আবেগতাড়িত বোধ। যারা এস কোয়াড্রান্টে কাজ করে তারা অপরকে বিশ্বাস করতে অক্ষম, তাই তারা কোয়াড্রান্টে বন্দী। তাই তাদের ভয়ের অনুভূতি তাদের মূল ধারণা বা মূল্যবোধ নির্ণয় করছে। অথচ বিশ্বাস এক আধ্যাত্মিক মূলবোধ, বিশ্বাস থেকে স্বাধীনতা পাওয়া যায়, ভয় মানুষকে বন্দী করে দেয়।'

কথাটা শুনে ক্লাসের সবাই চুপচাপ বসেছিল। যে ছাত্রটা চলে যাচ্ছিল, সে আবার নিজের সীটে এসে বসল। সবচেয়ে সন্দেহপ্রবণ ছাত্রটি এবার প্রশ্ন করল, 'ব্যবসায় বারবার অসাফল্য সত্ত্বেও আপনার স্বাধীনতার স্বপ্ন, আপনার নিজের ও অপরের ওপর আস্থা আপনাকে এতটা এগিয়ে নিয়ে এসেছে?'

'সত্যি কথা,' আমি বললাম, 'তবে আমার নিজের ওপর ও অপরের প্রতি আস্থা ছাড়াও আরেকটা জিনিষে আমার অফুরন্ত বিশ্বাস রয়েছে — যাকে লোকে ভগবান বলে। আপনাদের বলি, আমি কিন্তু তেমন ধার্মিক নই ..... তবে ভগবানের ওপর আমার অসীম আস্থা, ভগবান নামের এই শক্তি আমার সব চিন্তা ভাবনা, বুদ্ধি বিবেচনার ঊর্ধ্বে। আর যেহেতু আমার এই বিশ্বাস আছে তাই যতই কঠিন পরিস্থিতি হোক, আমার দৃঢ় বিশ্বাস — আমি সফল হব। ভগবানকে মেনে চলা ও ভগবানের ওপর *আস্থা* ও *বিশ্বাসের* মধ্যেও বিস্তর তফাৎ আছে। আমার ধনবান বাবা বলতেন, 'অনেকেই ভগবানে বিশ্বাসী তবে খুব কম লোকের ভগবানের ওপর সম্পূর্ণ আস্থা আছে। যদি মানুষ ভগবানের প্রতি আরও আস্থাবান হয়, তাহলে তার ভয় দূর হবে, বিশ্বাস সুদৃঢ় হবে।' ঐ মহাশক্তি ভগবানের ওপর

আস্থাই আজ আমাকে কোয়াড্রান্ট বদলাতে সাহায্য করেছে।'

'আপনি দু-দুবার ব্যবসার অসফল হওয়া সত্ত্বেও *বিশ্বাস* হারাননি?' একসময় সন্দেহপ্রবণ ছাত্রটি প্রশ্ন করল।

সম্মতি জানালাম। মুহূর্তখানেক থেমে উপসংহার টেনে বললাম, "আমার ধনবান বাবা বলতেন, 'কল্পনাশক্তি ও বিশ্বাস সহযাত্রী। আরও উজ্জ্বল আরও উন্নত ভবিষ্যতের কল্পনা করার জন্য বিশ্বাস থাকা প্রয়োজন। বিশ্বাস দৃঢ় না হলে কল্পনাশক্তি সুদৃঢ় হবে না। যদি কল্পনাশক্তি ও বিশ্বাস দুই-ই দুর্বল হয়, তোমার ভবিষ্যতও এই এখনকার মতই থাকবে।"

ধন্যবাদ জানিয়ে আমি ক্লাস থেকে রওনা হ'লাম। তখনও অনেকে বসেছিলেন। ফিরে গিয়ে বললাম, "শেষে আরেকটা কথা বলি, আমার দ্বিতীয় ব্যবসায় ব্যর্থতার পর যখন দেউলিয়া হয়ে যাই, আমার ধনবান বাবা এই কথাগুলি বলেছিলেন, 'সবসময় মনে রাখবে, তোমার মূল্যবোধ তোমার জীবনের সত্য নির্ণয় করে। তবে আরেকটা কথাও ভুলবে না, তুমি ভয় বা বিশ্বাসের মধ্যে যে কোনো একটি বেছে নিয়ে নিজের মূল্যবোধ নির্ণয় করতে পার'।"

লেখকের মন্তব্য : নাইটিঙ্গল কন্যান্টের সঙ্গে *রিচ ড্যাড সিক্রেটস* নামক অডিও ক্যাসেট টেপের একটা সেট প্রস্তুত করেছি। এতে ভীতি ও আস্থা, নিরাপত্তা ও স্বতন্ত্রতা, ব্যর্থতা ও সাফল্যের মধ্যে পার্থক্যগুলি নিয়ে আলোচনা করা হয়েছে। আমার ধনবান বাবার গোপন রহস্যটি ছিল তার আস্থা, তিনি দৃঢ় আস্থাবান মানুষ ছিলেন .... এই বিশ্বাস তাকে দারিদ্র অতিক্রম করে হাওয়াই রাজ্যের সর্বাধিক বিত্তবান মানুষের একজন করে তুলতে পেরেছিল। আমার ধনবান বাবা জানতেন তিনি কখনই অসফল হবেন না ... এটাই ছিল তার গোপন শক্তি। তিনি জানতেন ব্যর্থতাও সাফল্যের অংশ।

যদি আপনি আমার মত শিক্ষণীয় ও প্রেরণাদায়ক এডুকেশনাল টেপ শুনতে ভলবাসেন তাহলে অডিও ক্যাসেটের এই সেটটা আপনার জন্য। এই অডিও টেপের সুবিধা হল নানা কাজ করতে করতে এটা শুনতে পারেন, বার বার শুনতে পারেন।

নাইটিঙ্গল কন্যান্টের সঙ্গে কাজ করার সুবর্ণসুযোগ

১৯৭৪ এ আমি প্রথম নাইটিঙ্গল কন্যান্টের অডিও টেপের সেট শুনেছিলাম। আর্ল নাইটিঙ্গলের সুবিখ্যাত ও জনপ্রিয় টেপ 'লীড দ্যা ফিল্ড' আমার এক সেরা প্রাপ্তি ছিল। সে সময় আমি জেরক্স কর্পোরেশনে কর্মরত, সেলস্-এ অভিজ্ঞতা অর্জন ছাড়াও আমি তখন বি কোয়াড্রান্টে

পৌছানোর পথ খুঁজছি। আর্ল নাইটিঙ্গলের টেপ ও তার কোম্পানির অন্যান্য টেপসেট আমার ভীতি ও দ্বিধার কঠিন দিনগুলিতে আমার মনোবল বাড়িয়েছে।

আপনারা জানেন যে আমাদের সকলকেই ভয়, দ্বিধা ও দ্বন্দ্বের সম্মুখীন হতে হয়। এই ভীতি ও দ্বিধা দূর করার সামর্থ বা তার অভাব মানুষকে সফল বা ব্যর্থ করে। যখন আমার মনে ভয় ও দ্বন্দ্ব দেখা দেয় আমার প্রিয় বক্তার অডিও ক্যাসেট চালিয়ে বারবার শুনি। টেপে সফল ব্যবসায়ীদের বক্তব্য আমার লার্নিং পিরামিডের আবেগগত বিন্দুর দুর্বলতা দূর করে আধ্যাত্মিক বিন্দু আরো সুদৃঢ় করে তোলে।

আর্ল নাইটিঙ্গলের অডিও ক্যাসেট প্রথমবার শোনার প্রায় ২৬ বছর পর তার দ্বারা প্রতিষ্ঠিত কোম্পানি থেকে আমাকে ডেকে পাঠানো হয়। কোম্পানিটি অর্থাৎ নাইটিঙ্গল কন্যান্ট তাদের সঙ্গে আমার সহযোগিতায় অডিও ক্যাসেট-সেট প্রস্তুত করার আমন্ত্রণ জানায়।

অন্যান্য মহান শিক্ষকদের অডিও ক্যাসেটে পরিবৃত এদের শিকাগোর অফিসের বিশাল বোর্ডরুমের টেবিলে বসে দলের সকলকে বলেছিলাম, 'এখানে এসে আমি সম্মানিত, তবে তার কারণ এই নয় যে আপনাদের জন্য টেপের ধারাবাহিক করার সুযোগ পেয়েছি। আমি সম্মানিত, কারণ আমি যা শিখেছি তা আপনাদেরই পণ্য থেকে শিখেছি। আপনাদের শিক্ষণীয় পণ্যসত্তার না থাকলে হয়ত আজ আমিও এখানে উপস্থিত হতে পারতাম না।'

বিশেষভাবে নেটওয়ার্ক মার্কেটিং ব্যবসার জন্য একটি টেপ

আপনারা হয়ত বুঝেছেন, আমি সারা জীবনব্যাপী শিক্ষা ..... বিশেষত বি কোয়াড্রান্টে শিক্ষায় বিশ্বাসী। যেহেতু আমি বেশীর ভাগ নেটওয়ার্ক মার্কেটিং ব্যবসার শিক্ষা ও ব্যক্তিগত বিকাশের বিষয়গুলিকে সমর্থন করি, নাইটিঙ্গল কন্যান্ট ও আমি বিশেষ করে নেটওয়ার্ক মার্কেটিং ইণ্ডাস্ট্রির জন্য একটি ক্যাসেট প্রস্তুত করেছি। এই *টেপটিকে শিক্ষার মাধ্যম* হিসাবে ব্যবহার করতে পারেন। আবার নিজেদের ব্যবসায় যাদের পৃষ্ঠপোষকতা করতে চান তাদের জন্য *সত্তা দামের* মার্কেটিং উপাদান হিসাবেও ব্যবহার করতে পারেন।

যদি আপনিও আজীবন শিক্ষার সমর্থক হ'ন তাহলে আপনাকে পরামর্শ দেব বি ও আই কোয়াড্রান্টে শিক্ষার সূত্র হিসাবে নাইটিঙ্গল কন্যান্ট শুনে দেখুন। ১৯৭৪ সালে আমি এদের টেপগুলি শুনেছিলাম, আজও এদের শিক্ষানুষ্ঠানের মূল্যবোধ আমার মনে গেঁথে রয়েছে। আমার সাফল্যের জন্য অনেকাংশে দায়ী এইসব পণ্য, আমি আপনাদেরও সাফল্য কামনা করি। তাই এদের উৎকৃষ্ট সংগঠনের সঙ্গে কাজ করার সুযোগ পেয়ে আমি ধন্য।

উপযোগিতা #৮ ঃ নেতৃত্বের উপযোগিতা

প্রতি বছর, আমার বাবা কয়েকশ' নতুন স্কুলশিক্ষকদের সামনে দাঁড়িয়ে নিজের স্কুল এলাকায় তাদের স্বাগত জানাতেন। ছোটবেলার কথা মনে পড়ে, দেখতাম বাবা স্টেজে দাঁড়িয়ে প্রচুর আত্মবিশ্বাস ও আন্তরিকতা নিয়ে কথা বলতেন। সবাই সজাগ হয়ে মনোযোগ দিয়ে বাবার কথা শুনতেন, দেখে মনে মনে গর্ববোধ করতাম।

বেশ কয়েকবার আমার ধনবান বাবাকেও কোম্পানির পার্টিতে কয়েকশ' কর্মচারির সঙ্গে কথা বলতে দেখেছি। রিচ ড্যাড যখন তার বোর্ড অফ ডিরেক্টরস্ ও প্রধান ইনভেস্টারদের সম্বোধন করে অভিভাষণ দিতেন, ব্যবসার অতীত, বর্তমান, ভবিষ্যতের কথা বলতেন, ঐ ঘরের পেছনের সারিতে বসে আমি তার কথা শুনতাম।

খুব অল্পবয়সেই আমি ভাল বক্তা হয়ে ওঠার গুরুত্ব বুঝতে পারি তবে ভাল বক্তার চেয়েও গুরুত্বপূর্ণ নেতৃত্ব ও প্রেরণা জোগান, একথাও উপলব্ধি করি। বেশ কিছু নেটওয়ার্ক মার্কেটিং ব্যবসার শিক্ষানুষ্ঠানসূচি নিয়ে পরীক্ষা-নিরীক্ষা করার পর বুঝেছি যে এরা একটি বিশেষ গুরুত্বপূর্ণ দক্ষতার বিকাশ করে — নেতৃত্বের ক্ষমতা। আমাদের সকলের ভেতর এই দক্ষতা নিহিত রয়েছে তবে আমাদের মধ্যে মাত্র কয়েকজন এই দক্ষতা বিকাশের জন্য প্রয়োজনীয় প্রশিক্ষণ, সময় ও সুযোগ পায়। তাই খুব কম মানুষ জীবনের এই প্রয়োজনীয় দক্ষতার সত্যিকার বিকাশ করতে পারে। আমার নির্ধন বাবা বলতেন, 'অনেকেই কথা বলেন, তবে খুব কম লোকের কথা শোনা হয়।' আমার ধনবান বাবা বলতেন, 'টাকাকড়ি পথপ্রদর্শকদের হাতে গিয়ে পৌঁছায়। যদি আরও বেশি আয় করতে চাও, নেতা হয়ে ওঠ।'

নেতৃত্বের ক্ষমতা ঐচ্ছিক নয়

আমার ধনবান বাবা আরও বলতেন, 'প্রত্যেকটি কোয়াড্রান্টে কয়েকজন পথপ্রদর্শক থাকে। তবে বি কোয়াড্রান্ট ছাড়া অন্য কোনও কোয়াড্রান্টে সফল হয়ে ওঠার জন্য নেতৃস্থানীয় হয়ে

ওঠা জরুরি নয়। বি কোয়াড্রান্টে নেতৃত্বের ক্ষমতা বাধ্যতামূলক।' আবার বলতেন, 'সবচেয়ে সেরা পণ্য বা সেবা ব্যবস্থা থাকলে সবচেয়ে বেশি অর্থোপার্জন করা যায় একথাও ঠিক নয়। যে ব্যবসায় সবচেয়ে সেরা নেতা ও সবচেয়ে ভাল পরিচালক দল রয়েছে সেই ব্যবসায় আয়ের সম্ভাবনা সর্বাধিক।'

ক্যাশফ্লো কোয়াড্রান্ট দেখলে বুঝবেন প্রতিটি কোয়াড্রান্টেই পথপ্রদর্শক আছে।

উদাহরণস্বরূপ, আমার নির্ধন বাবা ই কোয়াড্রান্টে এক ক্ষমতাবান পথপ্রদর্শক ছিলেন, এদিকে আমার ধনবান বাবা বি ও আই কোয়াড্রান্টে নেতৃত্ব করেছেন। খুব অল্প বয়স থেকেই দুই বাবা আমার নেতৃত্বের ক্ষমতার বিকাশের ওপর বিশেষ গুরুত্ব দিয়েছিলেন। তাই দুজনেই আমাকে বয়েজ স্কাউটসে নাম লেখানো, খেলাধুলা করা, সামরিক সেবায় যোগদানের পরামর্শ দেন। অতীতের দিনগুলি দেখে বুঝি আমার আর্থিক সাফল্যের মূলে যে প্রশিক্ষণ আমার সত্যিকার সহায়ক হয়েছে তা স্কুলের পাঠ্যপুস্তকের বিদ্যা নয়, বরং স্কাউট, খেলা ও মিলিটারি ট্রেনিং-কে সেজন্য কৃতিত্ব দিতে হয়।

১৯৭০-এর প্রথমদিকে যখন মিলিটারি ছেড়ে বি কোয়াড্রান্টের ব্যবসা জগতে প্রবেশের চেষ্টা করছি, আমার ধনবান বাবা বলেছিলেন, 'প্রতিটি কোয়াড্রান্টে দলনেতা পাবে। তবে প্রতিটি কোয়াড্রান্টে সফল হওয়ার জন্য নেতৃত্বের ক্ষমতার প্রয়োজন নেই .... তবে বি কোয়াড্রান্টই এর ব্যতিক্রম। বি কোয়াড্রান্টে এই নেতৃত্বের ক্ষমতা বাধ্যতামূলক।' মনে পড়ে শেষ মিলিটারি বেসের গেট থেকে যখন বাইরে বেরিয়ে আসছি, আমার মনে হয়েছিল, 'আমার মধ্যে নেতৃত্বের যথেষ্ট ক্ষমতা আছে কি?' মিলিটারি ছেড়ে আসার পর আমাকে যে পরিস্থিতির সম্মুখীন হতে হয় তা যারা জানেন তারা বুঝবেন স্কাউট, খেলাধুলা ও

মিলিটারিতে নেতৃত্বের যে প্রশিক্ষণ পেয়েছিলাম তা বি কোয়াড্রান্ট ব্যবসার বাধা-বিঘ্ন অতিক্রম করার উপযুক্ত ছিল না। নেটওয়ার্ক মার্কেটিং ব্যবসার এক গুরুত্বপূর্ণ উপযোগিতা হল এদের নেতৃত্বের প্রশিক্ষণ ব্যবস্থা, ... বি কোয়াড্রান্টে সফল হওয়ার জন্য একান্ত জরুরি ব্যবসায়িক দক্ষতা .... নেতৃত্ব, এবং এই নেতৃত্বের বিকাশে এরা আপনাকে সঠিক প্রশিক্ষণ, যথেষ্ট শিক্ষা, সময় ও সুযোগ দেয়।

যখনই আমি ই বা এস কোয়াড্রান্টের এমন কোনও মানুষের সংস্পর্শে আসি যার বি কোয়াড্রান্টে স্থানান্তরণে অসুবিধা হচ্ছে অথচ তার মধ্যে সেরা প্রযুক্তিগত দক্ষতা ও পরিচালনার ক্ষমতা রয়েছে, তখন প্রধান যে জিনিসটার অভাব দেখতে পাই তা হল নেতৃত্বের ক্ষমতার অভাব। একটি উদাহরণ দিচ্ছি, এক বন্ধুর বন্ধু নিজের রেস্তোরা খোলার জন্য আমার কাছে টাকা চাইতে এসেছিলেন, ইনি এক উত্তম ও সুশিক্ষিত পাচক ও খাদ্যবিশারদ এবং এক্ষেত্রে বহু বছরের অভিজ্ঞতা আছে। ইনি রেস্তোরার ব্যবসায় এক নতুন কল্পনার উদ্ভব করেছেন, এর কাছে সুস্পষ্টভাবে তৈরি ব্যবসা পরিকল্পনা ছিল, আর্থিক পরিকল্পনা ছিল এমনকি রেস্তোরার পরিসর পর্যন্ত বেছে রেখেছিলেন, এর মক্কেলরাও এর সঙ্গে নতুন রেস্তোরায় যাওয়ার জন্য উদ্‌গ্রীব — যদি বিনিয়োগের জন্য $ ৫,০০,০০০ পেতেন, তার স্বপ্ন সত্যি হয়ে উঠত।

পাঁচ বছর আগে ইনি আমায় পরিকল্পনাটা দেখিয়েছিলেন, আমি তাকে প্রত্যাখ্যান করি, শুধু আমি নয় আরও অনেক ইনভেস্টার তাকে প্রত্যাখ্যান করেন। ইনি এখনও আগের রেস্তোরায় কর্মচারি হিসাবে কাজ করছেন, এখনও ব্যবসা শুরু করার জন্য $ ৫,০০,০০০ খুঁজছেন। যেহেতু সময়মত অর্থসংগ্রহ করতে পারেননি তাই আগেকার জায়গাটা তার হাতছাড়া হয়ে গিয়েছে, তবে আমাকে আশ্বাস দিলেন যে, যদি ঐ অর্থের বন্দোবস্ত করা যায় তাহলে নিশ্চিত তিনি আরেকটা সেরা জায়গা খুঁজে বার করবেন।

দেখেশুনে সবকিছু ভাল মনে হওয়া সত্ত্বেও তার ব্যবসায় আমি ইনভেস্ট করিনি। অন্যান্য ইনভেস্টাররা কেন তার ব্যবসায় বিনিয়োগ করেননি তা আমার পক্ষে বলা সম্ভব নয়, তবে আমি কেন *করিনি* তা আপনাদের জানাই। এমন নয় যে, এই বিনিয়োগে খুব ঝুঁকির সম্ভাবনা ছিল; ঐ ভদ্রলোকের সাফল্য সম্বন্ধে আমার সন্দেহও ছিল না। তাও, এই কারণগুলির জন্য আমি বিনিয়োগ করিনি ঃ

১. যদিও তার অভিজ্ঞতা, আকর্ষণ শক্তি বা প্রতিভার অভাব ছিল না, তার মধ্যে অভাব ছিল নেতৃত্বের, তাই তার ওপর বিশ্বাস করতে পারছিলাম না।

২. যদিও ইনি রেস্তোরা খুলে ভালমত পরিচালনা করতে পারতেন তবুও ইনি রেস্তোরার কোনও চেন অর্থাৎ শৃঙ্খলা গড়ে তুলতে পারতেন কি না সে বিষয়ে আমার যথেষ্ট সন্দেহ ছিল। এর আত্মপ্রত্যয়ের অভাব ছিল, তাই বলতেন, 'আমি সফল হ'ব তবে খুব একটা বড় হ'ব না।'

ক্যাশফ্লো কোয়াড্রান্টে এস এবং বি-এর আয়তনে পার্থক্য রয়েছে।

যেমন, যদি কেউ বলে, 'আমি সিক্সথ্ স্ট্রিট ও ভাইন স্ট্রিটের মোড়ে একটি হ্যামবার্গারের দোকান খুলব', বুঝবেন ঐ ব্যক্তি দীর্ঘ সময় যাবৎ এস কোয়াড্রান্টে আবদ্ধ থাকবেন।

আবার যদি কাউকে বলতে শোনেন, 'আমি বিশ্বের সব বড় বড় শহরগুলোর বড় রাস্তার মোড়ে হ্যামবার্গার স্ট্যাণ্ড খুলব আর ঐ ব্যবসার নাম রাখব ম্যাকডোনাল্ডস্, বুঝবেন ঐ ভদ্রলোক ঐ একই হ্যামবার্গারের স্ট্যাণ্ড খুলতে চায় তবে তা বি কোয়াড্রান্ট থেকে করতে চায়। অর্থাৎ ব্যবসা এক হওয়া সত্ত্বেও কোয়াড্রান্ট ভিন্ন। আমার ধনবান বাবা একথা শুনলে নিশ্চয়ই বলতেন, 'মোড়ের মাথায় যতগুলি দোকান খোলা হবে তা দেখে নেতৃত্বের ক্ষমতায় পার্থক্য বোঝা যাবে।'

৩. তাই আমি ইনভেস্ট করিনি, আমার সন্দেহ ছিল ইনভেস্ট করা টাকা আদৌ ফিরে পাব কি না। ব্যবসা হয়ত অসফল হত না। তবে আমার সন্দেহের কারণ ছিল, সফল হলেও এই ভদ্রলোক কখনই বড় ব্যবসায়ী হয়ে উঠতে পারতেন না। আমার বিনিয়োগ করা টাকা যদিও বা ফেরত পেতাম, সেটা পেতে বহু বছর সময় লাগত এবং এ ধরণের মন্থরগতির বিনিয়োগ আমার নীতিবিরুদ্ধ। কেননা, আমার অর্থ অন্য কোথাও বিনিয়োগ করার বদলে এর ব্যবসায় আটকে যেত। এই ধারণাকে বিনিয়োগকৃত মূলধনের দ্রুতি অর্থাৎ ভেলসিটি অফ ইনভেস্টমেন্ট ক্যাপিটালও বলা হয়।

বিনিয়োগ না করার আমার অপর কারণটি হল, যদি এই ভদ্রলোক সারাজীবন ছোট ব্যবসায়ী থাকতে চান, তাহলে আমি ইনভেস্ট করব কেন? যদি এর ব্যবসার আকার বড় হত, আমার $৫,০০,০০০ যদি শতগুণ বেশি করে তুলতে পারতেন তাহলে হয়ত

আমিও বিনিয়োগে উৎসাহ পেতাম। তবে যেহেতু রেস্তোরা বড় করে তোলার উপযুক্ত নেতৃত্বের ক্ষমতা এর আয়ত্তে ছিল না, তাই ইনি হয়ত কখনই আমার $ ৫,০০,০০০ শতগুণ বৃদ্ধি করতে পারতেন না। ব্যবসাকে এস কোয়াড্রান্ট থেকে বি কোয়াড্রান্টে নিয়ে যাওয়ার উপযুক্ত নেতৃত্বের অভাবে তাকে এই মূল্য দিতে হয়। আমার ধনবান বাবা বলতেন, 'সেরা পণ্য ও সেবা প্রদান করলেই ব্যবসায় অর্থলাভ হয় না। যে ব্যবসায় সেরা নেতৃত্ব ও পরিচালক দল রয়েছে, সেই ব্যবসাতেই অর্থলাভ সম্ভব।'

৪.   এই ভদ্রলোকের ব্যবসায় বিনিয়োগ না করার চতুর্থ কারণটি হল ইনি দলের সবচেয়ে স্মার্ট সদস্য হতে চেয়েছিলেন। এর মধ্যে তীব্র অহংকারবোধ ছিল। আমার ধনবান বাবা বলতেন, 'যদি তুমি দলের নেতা ও সবচেয়ে স্মার্ট সদস্য দুই-ই হও তাহলে তোমার দলের অবস্থা শোচনীয় হতে বাধ্য।' আমার ধনবান বাবা বলতে চেয়েছিলেন, বেশির ভাগ এস কোয়াড্রান্ট ব্যবসায় নেতৃত্ব করেন দলের সবচেয়ে স্মার্ট, কর্মপটু মানুষটি। যেমন, আপনি চিকিৎসার জন্য নিশ্চয়ই ডাক্তার বা ডেন্টিস্টের কাছে যাবেন, রিসেপশনিস্টের কাছে নয়।

বি কোয়াড্রান্ট ব্যবসায় নেতৃত্বের ক্ষমতার বিশেষ প্রয়োজন, কারণ বি-কে সবসময় নিজের তুলনায় আরও স্মার্ট, সুদক্ষ, আরও যোগ্য মানুষের সম্মুখীন হতে হয়। যেমন, আমার ধনবান বাবার কোনরকম প্রাতিষ্ঠানিক শিক্ষা বা যোগ্যতা ছিল না, কাজের সূত্রে তাকে ব্যাঙ্কার, উকিল, অ্যাকাউন্ট্যান্ট, ইনভেসমেন্ট উপদেষ্টা প্রমুখ সকলের সঙ্গে কাজ করতে হয়। এদের মধ্যে অনেকের কাছে স্নাতকোত্তর ডিগ্রী ছিল, অনেকের কাছে বিশ্ববিদ্যালয়ের সর্বোচ্চ উপাধি অর্থাৎ ডক্টরেটও ছিল। অর্থাৎ কর্মসূত্রে তাকে নিজের তুলনায় অনেক বেশি শিক্ষিত, পেশাদার বিশেষজ্ঞদের পথ দেখাতে, পরিচালনা করতে হত। ব্যবসায় অর্থসংগ্রহের জন্য নিজের তুলনায় অনেক বেশি বিত্তবান মানুষের সঙ্গে কাজ করতে হত।

অনেক ক্ষেত্রেই, এস কোয়াড্রান্টভুক্ত মানুষকে শুধুই নিজের মক্কেল সহকর্মী যেমন সমপেশাগত ডাক্তার ও উকিল এবং নিম্নপদস্থদের সঙ্গে কাজ করতে হয়। বি কোয়াড্রান্টে যাওয়ার জন্য অসাধারণ নেতৃত্বের ক্ষমতার প্রয়োজন হয়।

তার জন্য নেতৃত্বের যোগ্যতা বাধ্যতামূলক ছিল না

একদিন ঐ বন্ধুর বন্ধু আমায় ফোন করলেন, জিজ্ঞাসা করলেন আমি কেন তার ব্যবসায় বিনিয়োগ করছি না। আগে আপনাদের যে চারটে কারণ জানিয়েছি সেগুলি বললাম। দুঃখিত ভদ্রলোক নিজের আত্মরক্ষায় বলে উঠলেন, 'আমি বিশ্বের সবচেয়ে সেরা ট্রেনিং পেয়েছি। আমি যে রান্নার স্কুলে পড়েছি সব শেফ-রা সেই সুবিখ্যাত স্কুলে পড়ার স্বপ্ন দেখে। শুধু রান্নাঘর নয়, রেস্তোরা পরিচালনার ব্যাপারেও আমার প্রচুর অভিজ্ঞতা আছে। আপনি কি

করে বলছেন যে, আমার মধ্যে নেতৃত্বের ক্ষমতা নেই?'

ধৈর্যসহকারে ভদ্রলোককে বোঝালাম — অর্থ, আত্মপ্রত্যয় ও নেতৃত্ব এই তিনটির একান্ত প্রয়োজন। কিছুটা বুঝলেন ..... অনেকটাই বোধহয় বুঝলেন না। যখন আমি তাকে ব্যবসা শেখা ও নেতৃত্বের ক্ষমতার বিকাশের জন্য নেটওয়ার্ক মার্কেটিং কোম্পানিতে যোগ দেওয়ার পরামর্শ দিলাম, ভদ্রলোক চটে উঠলেন, 'আমি করছি রেস্তোরার ব্যবসা। আর আমার কোনও ব্যবসা শেখা বা নেতৃত্বের বিকাশের প্রয়োজন নেই মশাই।' বুঝলাম এই ভদ্রলোকের জন্য আজীবন ব্যবসা শেখা বা নেতৃত্বের ক্ষমতার ক্রমাগত বিকাশ— কোনটাই বাধ্যতামূলক না।

বিশ্বের সর্বশ্রেষ্ঠ প্রশিক্ষণ

এই বইয়ের প্রারম্ভেই বলেছি, আমি কয়েকটি নেটওয়ার্ক মার্কেটিং ব্যবসার এক অমূল্য উপযোগিতা পেয়েছি — এর জীবন পরিবর্তনকারী ব্যবসা শেখানো। এছাড়াও আমি বিশ্বের কয়েকটি সর্বশ্রেষ্ঠ ব্যবসায় নেতৃত্ব বিকাশের কর্মসূচির খোঁজ পাই। আমার মনে হয়, এই কর্মসূচির উপযোগিতা দুষ্প্রাপ্য।

গবেষণা শুরু করা ও এই ইণ্ডাস্ট্রি সম্বন্ধে আমার ভুল-ভ্রান্তি দূর হওয়ার পর অনেক সফল উদ্যোক্তা ও ব্যবসায়ীদের সংস্পর্শে এসেছি, যাঁরা নেটওয়ার্ক মার্কেটিং ব্যবসা থেকে ব্যবসা-শিক্ষা পেয়েছে। সম্প্রতি এক তরুণের সঙ্গে দেখা হয়, ইনি কমপিউটার ব্যবসা করে কয়েক হাজার মিলিয়ন ডলার আয় করেছেন। ইনি বলেছিলেন, 'বহু বছর যাবৎ আমি একটা সাধারণ কমপিউটার প্রোগ্রামারের কাজ করেছি। একদিন এক বন্ধু আমাকে একটা মিটিংয়ে টেনে নিয়ে যায়, আমিও তার নেটওয়ার্ক মার্কেটিং ব্যবসায় অন্তর্ভুক্ত হয়ে যাই। এরপর বেশ কয়েক বছর আমি মিটিং ও জনসমাবেশে উপস্থিত থেকেছি, বইপত্র পড়েছি, টেপ শুনেছি। সে সময়কার হাজার হাজার টেপ ও বই এখনও আমার কাছে আছে। শুধু যে নেটওয়ার্ক মার্কেটিং ব্যবসায় সফল হয়েছি তাই নয়, যা শিখেছি তার ফলে প্রোগ্রামিং-এর কাজ ছেড়ে আমি নিজের কমপিউটার ব্যবসার অংশীদারী সর্বসাধারণের জন্য খুলে দিয়ে লক্ষ লক্ষ ডলার উপার্জন করি। এসব কিছুই সম্ভব হত না, যদি নেটওয়ার্ক মার্কেটিং কোম্পানি থেকে যথার্থ ট্রেনিং না পেতাম। আমি এদের কাছে পৃথিবীর সবচেয়ে সেরা ব্যবসা ও নেতৃত্ব বিকাশের প্রশিক্ষণ পেয়েছিলাম।'

পথ-প্রদর্শকরা আপনার অন্তরাত্মার সঙ্গে কথা বলেন

গবেষণা করা সময় আমি নানা মিটিংয়ে যাই, বহু বড় বড় সমাবেশে উপস্থিত থেকেছি। এসব অনুষ্ঠানে ব্যবসার সর্বশ্রেষ্ঠ নেতাদের বক্তৃতা শুনেছি .... এরা নিজেদের বক্তৃতায় অন্যের জীবনের বিশেষ গুণগুলি অন্বেষণ করার ব্যাপারে অনুপ্রেরণা দিতেন। এঁরা যখন

নিজেদের সহায় সম্বলহীন অবস্থা থেকে কল্পনাতীত বিত্তবান হয়ে ওঠার অবিশ্বাস্য কাহিনী শোনাতেন, আমি অনুভব করতাম আমার ধনবান বাবার কথা ..... নেতা হয়ে ওঠার কথা। আগেও আমার ধনবান বাবার মন্তব্য জানিয়েছি, 'নেতার হাতেই সব অর্থ পৌঁছায়। যদি আরও অর্থলাভ করতে চাও, দলের নেতা হয়ে ওঠ।' আমি বুঝেছি বিশ্বের সেরা নেটওয়ার্ক মার্কেটিং কোম্পানির শিক্ষাসূচি মানুষকে আরও ভাল সেলসম্যান নয় .... আরও সুদক্ষ নেতা করে তোলে।

লার্নিং পিরামিডের এই নকশায় দু'টি সম্পূর্ণ ভিন্ন সংযোগস্থাপনের ভঙ্গি লক্ষ্য করবেন :

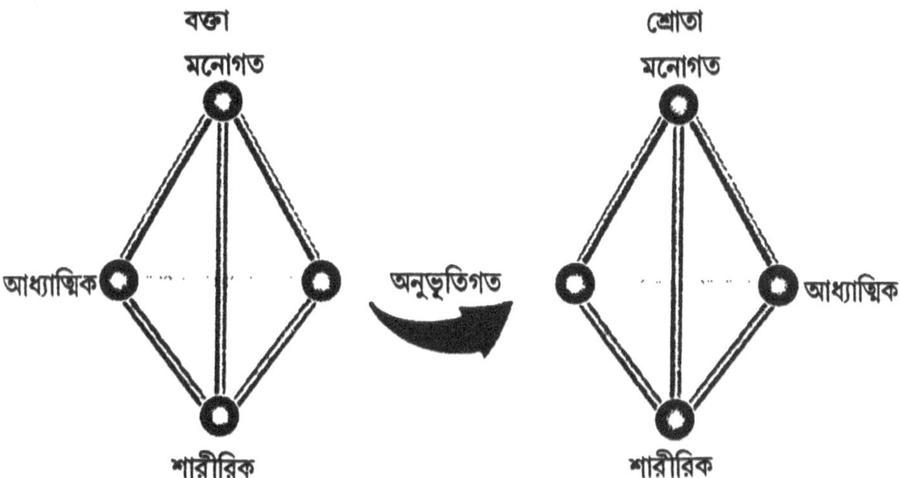

ভয় ও লোভের আবেগতাড়িত কথোপকথন

আজকাল বেশির ভাগ বক্তা, এমনকি তথাকথিত নেতারাও আবেগতাড়িত কথাবার্তা বলেন। এরা প্রায়ই ভয় বা লোভের বশবর্তী হয়ে কথাবার্তা বলেন।

যারা আবেগে অনুপ্রাণিত হয়ে কথা বলেন তাদের মুখে এসব কথা শুনবেন :

১. ভাল নম্বর না পেলে ভাল চাকরি পাবে না।

২. সময়মত কাজে পৌঁছাতে না পারলে তোমায় বরখাস্ত করা হবে।

৩. আমাকে মনোনীত করলে আমি আপনাদের সোশ্যাল সিকিউরিটির সুবিধাগুলি সুরক্ষিত রাখব।

৪. বুঝেশুনে কাজ কর। অযথা ঝুঁকি নিতে যেও না।

৫. আমার ব্যবসায় যোগ দাও, প্রচুর অর্থলাভ হবে।

৬. তোমাকে দ্রুত ধনী হয়ে ওঠার উপায় শেখাতে পারি।

৭. যা বলছি তা কর।

৮.   কোম্পানির এখন অবস্থা ভাল নয়। যদি চাকরি বাঁচাতে চাও, তাহলে বেতনবৃদ্ধির কথা বল না।

৯.   চাকরি ছাড়ার কথা একেবারেই ভেব না। আমাদের মত বেতন আর কে দেবে তোমায় ?

১০.   অবসরগ্রহণ করতে তোমার আর মোটে আট বছর বাকি। এখন গণ্ডগোল বাড়িয়ে লাভ নেই।

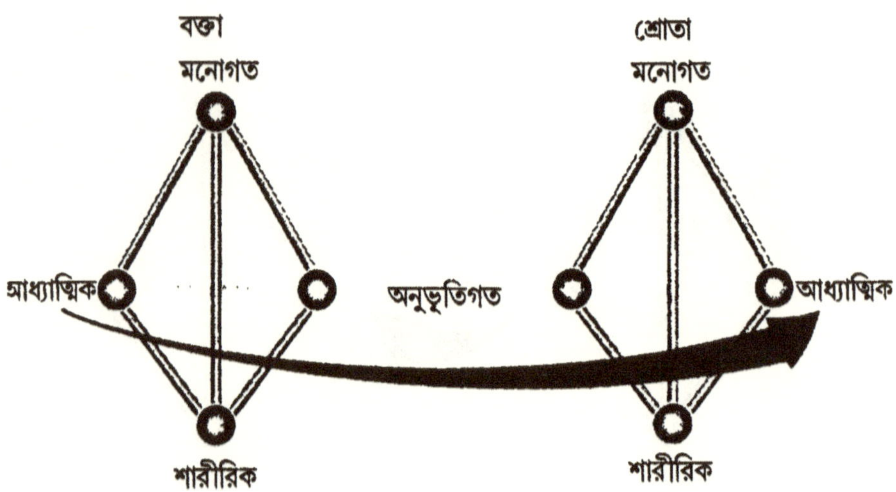

আত্মার সঙ্গে আত্মার কথোপকথন

পথ-প্রদর্শকের দায়িত্ব হল কথাবার্তার মাধ্যমে নিজের আত্মা থেকে অপরের অন্তরাত্মাকে স্পর্শ করা। আজকাল এমন গুণ বিরল। তবে বিরল হলেও অসম্ভব নয়, তেমন বক্তার কথায় মনে প্রভাব পড়ে বৈকি .... কারণ তাদের কথা আমাদের আত্মাকে স্পর্শ করে, তাদের কথা ইতিহাসের পাতায় স্বর্ণাক্ষরে লেখা থাকে।

যেসব কথা আমাদের স্পর্শ করেছে, ইতিহাসে অমর হয়েছে তা হয়ত সবার অল্পবিস্তর মনে আছে।

১.   'নির্ণয়ের সময় এসেছে, আমেরিকাবাসী স্বাধীন হবে, না দাস হয়ে থাকবে।'

— জর্জ ওয়াশিংটন

২.   'আমায় স্বাধীনতা দাও, তা না হলে মৃত্যু দাও।' —— প্যাট্রিক হেনরি

৩.   টেক্সাস যুদ্ধের মন্ত্র 'রিমেম্বার দ্য অ্যালামো'।

৪.   'ফোর স্কোর অ্যাণ্ড সেভেন ইয়ার্স অ্যাগো'। —— আমেরিকার স্বাধীনতায় অ্যাব্রাহাম লিংকনের সুবিখ্যাত বক্তৃতা এবং 'শত্রুর সঙ্গে বন্ধুত্ব করে শত্রুদের নিপাত করছি, তাই না ?'

৫.   'অপরকে নিচু করতে হলে তোমাকেও নিচে নামতে হবে।' —— বুকার টি. ওয়াশিংটন

৬.   'দেশ তোমার জন্য কি করেছে সে প্রশ্ন করবে না বরং ......।' —— জন কেনেডি

৭.   'আমার স্বপ্ন ......।' —— মার্টিন লুথার কিং

৮.   'বিজয়ী হওয়াও অভ্যাসমাত্র। দুর্ভাগ্যের বিষয়, হেরে যাওয়াও তাই' —— ভিন্স লম্বার্ডি

৯.   'স্বাধীনতায় আমাদের ব্যক্তিগত বিশ্বাসই একমাত্র আমাদের স্বাধীনতা বজায় রাখতে পারে' —— ডওয়াইট আইসেনহাওয়ার

১০. 'কাপুরুষের নৈতিকতাবোধ থাকে না।' —— গান্ধী

১১. 'এত নম্র হচ্ছ কেন, তুমি তেমন মহান নও' —— গোল্ডামেয়ার

১২. 'শক্তিশালী হওয়া মহীয়সী নারীর মত। যদি সকলকে তা জানাতে হয়, তাহলে আপনি তা না।' —— মার্গারেট থ্যাচার

১৩. 'যা করা তোমার পক্ষে সম্ভব নয়, তা যেন তোমার সম্ভব কাজগুলির পথে বাধা না হয়।' —— জন উডেন

১৪. 'সেই আমার সবচেয়ে প্রিয় বন্ধু যে আমার সেরা গুণগুলি বার করে আনতে পারে।' —— হেনরি ফোর্ড

১৫. 'সফল মানুষ না, নীতিবান মানুষ হওয়ার চেষ্টা কর'। —— অ্যালবার্ট আইনস্টাইন প্রচুর বিত্তবান করে তোলাই নয়, বেশ কয়েকটি নেটওয়ার্ক মার্কেটিং ব্যবসা মানুষের নীতিবোধ জাগিয়ে তোলায় সচেষ্ট। তাই আমার মনে হয় এই ইণ্ডাস্ট্রির কয়েকটি কোম্পানি সত্যি অসাধারণ।

নেটওয়ার্ক মার্কেটিং ব্যবসা উত্তরোত্তর বৃদ্ধি পাবে কেন

নেটওয়ার্ক মার্কেটিং ব্যবসার ভবিষ্যত উজ্জ্বল। বর্তমান অর্থব্যবস্থায় পরিবর্তন ও অগ্রগতির প্রবণতা আরও বেশিসংখ্যক মানুষকে ইণ্ডাস্ট্রিতে টেনে আনবে। আমি কয়েকটি আর্থিক পরিবর্তন ও প্রবণতার পূর্বানুমান করছি।

১.	**মানুষ আরও স্বাধীনতা চায়।** সে যুগ আর নেই যখন ২৫ বছর বয়সে মানুষ চাকরি জীবন শুরু করত, চাকরি বজায় রাখার জন্য যা বলা হত, তাই মেনে চলত... সারা জীবন একটি চাকরিতে টিকে থাকত। এখন মানুষ ঘোরাফেরার স্বাধীনতা চায়, আগের তুলনায় বেশি বিকল্প চায়, নিজের শর্ত, নিজের ইচ্ছামত বাঁচার স্বাধীনতা চায়। খণ্ডকালীন নেটওয়ার্ক মার্কেটিং ব্যবসা মানুষকে জীবনের ওপর বেশি নিয়ন্ত্রণের সুযোগ ও ফলে বেশি স্বাধীনতা দেয়। যারা পরিবর্তনে উৎসুক তাদের জন্য স্বল্পমূল্যের প্রবেশপথ তৈরি করে দেয় ও রেডিমেড ব্যবস্থা দেয়।

২.	**মানুষ বিত্তবান হতে চায়।** আমার মা-বাবার কর্মজীবনে নিয়ম ছিল, যত বেশি পরিশ্রম করবে, বয়স বৃদ্ধির সঙ্গে সঙ্গে তত বেশি আয় করবে। নিয়মিত বেতন বৃদ্ধির ফলে আয় বৃদ্ধি হত, তবে কর্মজীবনের শেষে বলা হত, 'অবসর গ্রহণের সঙ্গে সঙ্গে আয় কমে যাবে,' অর্থাৎ আমার মা-বাবার ধারণা ছিল, সারাজীবন কঠোর পরিশ্রম কর অথচ অবসর নেওয়ার পর আবার সেই নির্ধন হয়ে পড়বে।

এখন একটি ২৫ বছর বয়সী তরুণ হয়ত কখনও চাকরি করেনি অথচ কমপিউটার সফ্টওয়্যার কোম্পানি গড়ে তুলে সে মিলিয়নেয়ার হয়ে উঠেছে। এদিকে আবার এমনও দেখা যায় যে, ৫০ বছরের প্রৌঢ় ভদ্রলোক চাকরি খুঁজছেন, বছরে $৫০০০০ রোজগারের নিরাপত্তা খুঁজছেন। দুঃখের বিষয় হল, প্রৌঢ় ভদ্রলোকের হয়ত অবসর জীবনযাপনের যথেষ্ট অর্থসংস্থান নেই, হয়ত কখনও অবসরগ্রহণ

করতে পারবেন না। এই ৫০ বছরের ব্যক্তির চাকরির প্রয়োজন নেই। তার প্রয়োজন ধনলাভ যাতে বাকি জীবনটা যথেষ্ট উপার্জন করে সুষ্ঠুভাবে কাটানো যায়। এই ৫০ বছরের প্রৌঢ়কে সাহায্য করতে পারে নেটওয়ার্ক মার্কেটিং কোম্পানি, বি কোয়াড্রান্টে ব্যবসা গড়ে তোলায় তাকে শিক্ষা দিতে, পথপ্রদর্শন করতে পারে। ঐ ৫০ বছরের ভদ্রলোক বা মহিলার ব্যবসা গড়ে তোলায় সুব্যবস্থা প্রদান করতে পারে।

২০১০ সাল পর্যন্ত আমেরিকার ৭৫ মিলিয়ন 'বেবি বুমার'-এর প্রথম দলটি ৬৫ বছর বয়সে পৌঁছে যাবে। এদের চাকরি জীবন যে নিরাপত্তা দিতে পারেনি সেই নিরাপত্তার খোঁজে অনেকেই নেটওয়ার্ক মার্কেটিং-এর শরণাপন্ন হবেন। যে নেটওয়ার্ক মার্কেটিং ব্যবসা গড়তে সফল হবে সে অতি-ধনীদের পর্যায় পৌঁছানোর সুবর্ণ সুযোগ পাবে .... ডাক্তার, উকিল, এঞ্জিনিয়ারদের মত উচ্চশিক্ষিত পেশাদারদের চেয়েও ধনী .... অনেক ফিল্মস্টার, খেলোয়াড় কি রকস্টারের চেয়েও ধনী হয়ে ওঠার ক্ষমতা তার আয়ত্তে থাকবে। যারা ইতিমধ্যে নেটওয়ার্ক মার্কেটিং ব্যবসা করছেন তারা ২০১০ সাল পর্যন্ত অসাধারণ সাফল্য লাভ করবেন, যেহেতু আরও কয়েক মিলিয়ন বেবি বুমার তাদের সহযাত্রী হবে।

৩. **ব্যক্তিবিশেষের অবসরগ্রহণের পোর্টফোলিও-র ইতি হবে।** বিশ্বের ইতিহাসে এর আগে কখনই এতগুলি মানুষ স্টক মার্কেটে তাদের অবসরজীবনের বাজি রাখেনি। এতে আর্থিক দুর্ঘটনা সুনিশ্চিত।

আমার মা-বাবার সময়কালে, অবসরগ্রহণকারী তার অবসরজীবনে আয়ের উৎস বজায় রাখার জন্য, যে কোম্পানিতে কাজ করত তার ওপর ও যুক্তরাষ্ট্রীয় সরকারের ওপর নির্ভরশীল থাকত। অর্থাৎ তাদের অবসর জীবনের পোর্টফোলিও প্রস্তুত করার ব্যাপারে চিন্তা-ভাবনা করতে হয়নি কারণ তা ছিল কোম্পানির দায়িত্ব। আজকাল অবসরগ্রহণের পর নিজের ব্যবস্থা নিজেকে করতে হয়। হাজার হাজার আমেরিকাবাসীর অবসরগ্রহণের পর শুধুমাত্র ৪০১ কে বা অনুরূপ আর্থিক সংস্থানের উপর নির্ভর থাকতে হবে। যদি ৪০১কে-তে অর্থাভাব দেখা দেয়, এরা নিশ্চয়ই ৭৮ বছর বয়সে প্রাক্তন মালিকের কাছে গিয়ে সাহায্য প্রার্থনা করতে পারবে না।

২০১০ সাল পর্যন্ত ইউ.এস স্টক মার্কেট ভেঙে পড়ার সম্ভাবনা আছে। অর্থাৎ যদি তার আগেই এমন না হয়। মার্কেট ভেঙে পড়লে অবশ্যই বহু ৪০১-কে অবসরগ্রহণ পরিকল্পনাও বিপর্যস্ত হবে। যদি তা হয়, কয়েক হাজার মানুষ অবসর নিতে পারবে না, অথবা অবসর জীবনযাপনের যে সুখস্বপ্ন দেখছেন তা কখনই বাস্তবায়িত হবে না। যাদের রিটায়ারমেন্ট খাতার মিউচুয়াল ফান্ডে $ ২ মিলিয়ন আছে তাদের পোর্টফোলিও হয়ত অর্ধেক হয়ে যাবে। তাছাড়া এদের কাছ থেকে

হয়ত এমন ক্যাপিট্যাল গেনস্‌ ট্যাক্স দাবি করা হবে, যা অবশিষ্ট পোর্টফোলিওকেও শূন্য করে দেবে। তাই অবসর গ্রহণের পর ঝুঁকির সম্ভাবনা খুব বেশি।

আগেই বলেছি, পৃথিবীর ইতিহাসে এর আগে কখনও এতগুলি মানুষ স্টক মার্কেটের খামখেয়ালিপনায় নির্ভরশীল ছিল না। এমন যদি হয়, অনেকেই আর্থিক নিরাপত্তার অন্যান্য বিকল্প খুঁজবেন, এর মধ্যে একটি হল বি কোয়াড্রান্ট ব্যবসা গড়ে তোলা, সে ব্যাপারে নেটওয়ার্ক মার্কেটিং ব্যবসা সাহায্য করতে পারে।

৪.   **আরও বেশি সংখ্যক মানুষ সচেতন হয়ে উঠবে।** ২০১০-এর কাছাকাছি পৌঁছানোর সঙ্গে সঙ্গে আরও বেশিসংখ্যক মানুষ উপলব্ধি করবে যে শিল্পায়নের যুগের পরিসমাপ্তি ঘটেছে ও পৃথিবীর নিয়মগুলি চিরতরে বদলে গিয়েছে।

১৯৮৯-এ বার্লিন প্রাচীর ভাঙা ও ওয়ার্ল্ড ওয়াইড ওয়েবের সূত্রপাত থেকেই পৃথিবীটা পালটে গিয়েছে। বেশ কয়েকজন আর্থ-ইতিহাসবিদের মতে, শিল্পায়নের যুগের ইতি হয়েছে, শুরু হয়েছে তথ্যযুগ। শিল্পায়নের যুগের নিয়ম ছিল কঠোর পরিশ্রম করুন, কোম্পানি ও দেশ আপনার সুখস্বাচ্ছন্দ্যের দায়ভার গ্রহণ করবে। তথ্যযুগের নিয়ম হল নিজেই নিজের সুবিধাগুলি বুঝে নিতে হবে।

আগেও জানিয়েছি ২০১০ এক কৌতুহলোদ্দীপক অধ্যায় হবে, কারণ আমেরিকার বেবি বুমার-রা অবসর নেবেন। এতে সম্ভবত স্টক মার্কেটের অবস্থা শোচনীয় হয়ে যাবে। যদি এই শোচনীয় অবস্থার দ্রুত আরও অবনতি হয়, লোকেরা তাদের টাকা তুলে নেবে, নিরাপত্তার আশ্রয় খুঁজবে, ফলে উদ্বেগ ও আতঙ্কের সৃষ্টি হবে। যার পরিণাম হবে অর্থব্যবস্থার পতন। আর আর্থিক অবস্থা বিপর্যস্ত হয়ে গেলে মানুষ মানসিকভাবেও বিপর্যস্ত হয়ে পড়বে। খুব বেশি সংখ্যক মানুষ মানসিকভাবে ভেঙে পড়লে সম্পূর্ণ অর্থব্যবস্থার অধঃপতন অবশ্যম্ভাবী। ১৯২৯-এ ইউ.এস বাজারের পতনের পর তা পুনরায় সম্পূর্ণ গড়ে তুলতে দীর্ঘ ২৫ বছর সময় লেগেছিল। পরবর্তী পতনের সময় যদি আপনার বয়স ৬৫ বছর হয়, খুব সম্ভব পুনর্গঠন দেখার জন্য আরও ২৫ বছর সময় আপনি হাতে পাবেন না।

মুদ্রাস্ফীতি হ্রাস পাবে কেন? ১৯৯০ থেকে ২০১০ পর্যন্ত স্টক মার্কেটের সমৃদ্ধি হবে কারণ বুমার-রা এসময় সবচেয়ে বেশি উপার্জন করবে এবং অবসরজীবনে স্বাচ্ছন্দ্য আনার জন্য স্টক মার্কেটে অর্থ বিনিয়োগ করবে। তবে ২০১০ পর্যন্ত ঐ সমৃদ্ধি ম্রিয়মান হয়ে পড়বে .... এবং অবসরজীবনের আর্থিক নিরাপত্তার স্বপ্নও ভেঙে চুরমার হয়ে যাবে। নিরাপদ সুরক্ষিত অবসরজীবনের সুখস্বপ্ন ভাঙার পর সবাই বুঝবে শিল্পযুগের পুরাতন চিন্তাধারা এখন আর প্রযোজ্য নয়। আমার মনে হয় সর্বসাধারণের কাছে এ খবর পৌঁছাতে আরও বছর দশেক লাগবে অর্থাৎ আমরা

২০১০ সালে পৌঁছে যাব। যত বেশি মানুষ এ খবর জানতে পারবে, তারা নেটওয়ার্ক মার্কেটিং ব্যবসার মত নিজস্ব ব্যবসা গড়ে তোলার যৌক্তিকতা উপলব্ধি করবে, তবে যতক্ষণ না আমরা সেই পর্যায়ে পৌঁছাচ্ছি অনেকেই শিল্পযুগের কঠোর শ্রম, অবসরগ্রহণ ও বাকি জীবনটার দায়ভার সরকার ও কর্মক্ষেত্রের ওপর চাপিয়ে নিশ্চিন্ত থাকবেন।

৫.   **নবজাগরণ।** ২০১০ সালে আমেরিকার বেবি বুমার-রা যখন আর্থিক সচ্ছলতার ইতিবৃত্তি দেখবেন, তখন এশিয়াতে বেড়ে উঠবে এক নতুন শ্রেণীর ‘বেবি বুমার।’ আমেরিকা থেকে আর্থিক উন্নয়ন এশিয়ায় স্থানান্তরণের ফলে যারা আন্তর্জাতিক স্তরে নেটওয়ার্ক মার্কেটিং ব্যবসায় কর্মরত তারা খুবই লাভবান হবেন অথচ তাঁদের আমেরিকাবাসী বন্ধু-বান্ধব ও প্রতিবেশীরা চাকরি হারানোর ভয়ে আতঙ্কিত হয়ে উঠবে। অর্থাৎ তথ্যযুগে হয়ত আপনার শহর বা দেশবাসী আপনার কাজের প্রতিদ্বন্দী থাকবে না। তথ্যযুগে আপনার কাজে প্রতিদ্বন্দী হবেন কোনো এক পাকিস্তানি নাগরিক, যিনি ঘণ্টায় $২০ ও নানা সুবিধার বদলে দিনে মাত্র $২০-এ সানন্দে কাজ করতে রাজি হবেন।

আমেরিকাবাসীদের মধ্যে আরেকটি সমস্যা দেখতে পাই — আমরা অনেকেই একটু বেশি উদ্ধত ও পরিতৃপ্ত হয়ে গিয়েছি। আমার ধনবান বাবা বলতেন, ‘প্রচুর রোজগার করলে অনেকের মনে হয় তাদের বোধবুদ্ধিও বুঝি বা বেড়ে গিয়েছে। টাকা হাতে পেলে অনেকেই নিজেকে বেশি স্মার্ট মনে করে, আসলে কিন্তু তারা বোকার মত কাজ করতে শুরু করে। বোধশক্তি বাড়ার বদলে তা অতলে তলিয়ে যায় অথচ অহংকার বেড়ে যায় শতগুণ।’ লটারিতে প্রচুর টাকা জিতে বা কোনও খেলোয়াড় প্রচুর অর্থলাভ করার পর অনেক সময় উচ্ছন্নে যায় ও পতন ঘটে। এদের উদাহরণ দেখলেই আমার ধনবান বাবার কথাগুলির যৌক্তিকতা বুঝবেন।

আমি, এই মুহূর্তে যখন এই কথাগুলি লিখছি, এখনও আমেরিকার অর্থব্যবস্থা অগ্রগতির পথে, তবে স্টক মার্কেটে দ্রুত পরিবর্তন ঘটছে। ইউ.এস ডলারের শক্তি বিশ্বের অন্যান্য মুদ্রাগুলিকে শক্তিহীন করে দিয়েছে। আয় বৃদ্ধির সঙ্গে আমাদের ব্যক্তিগত ঋণও বৃদ্ধি পেয়েছে। এর আগে কখনই এত আমেরিকাবাসী ঋণের দায়ে জর্জরিত ছিল না। অনেকে তো দ্রুত ধনী হওয়ার জন্য ধার নিয়ে স্টকে বিনিয়োগ করেছে। অহংবোধ বনাম বুদ্ধিমত্তার এ এক বিচিত্র উদাহরণ। অর্থাৎ এই আর্থিক সচ্ছলতার জন্য বহু আমেরিকাবাসী মদ খেয়ে স্ফূর্তি করে কাটাচ্ছে। এই কথাগুলি যে লিখছি, এরই মধ্যে আর্থিক সচ্ছলতার মুখোশ খুলে পড়ছে। ডটকম্ কোম্পানিগুলি রসাতলে গিয়েছে, স্টকের বিনিয়োগকারী টেকনোলজি স্টকের জাঁকজমক ছেড়ে

পুরাতন মূল্যের স্টকে নিরাপত্তা খুঁজছে। স্টক মার্কেটের দ্রুত পরিবর্তনশীলতার প্রতি সজাগ দৃষ্টি রাখা হচ্ছে। যখন এই সচ্ছলতার পর্দা সরে যাবে, বহু দূরদর্শী মানুষ নেটওয়ার্ক মার্কেটিং ব্যবসায় যোগদানের সিদ্ধান্তের তাৎপর্য উপলব্ধি করবে।

আমরা বর্তমানে যে ক্ষণস্থায়ী আর্থিক বুদ্বুদের সম্মুখীন, স্যার আইস্যাক নিউটন অনুরূপ অবস্থার সম্মুখীন হয়ে নিশ্চিহ্ন হয়ে গিয়েছিলেন। স্যার আইস্যাক নিউটনকে বিশ্বের সবচেয়ে প্রতিভাবান ব্যক্তিদের মধ্যে একজন মনে করা হয় অথচ এই প্রতিভাশালী মানুষকেও ১৭১৯ থেকে ১৭২২-র মধ্যবর্তী সময়ে তথাকথিত 'সাউথ সী বাবল্'-এর আর্থিক বিপর্যয়ের শিকার হতে হয়। অর্থাৎ যথেষ্ট বুদ্ধিমান হওয়া সত্ত্বেও তিনি সে যুগে দ্রুত বড়লোক হওয়ার উচ্ছ্বাসে নিজের অস্তিত্ব হারিয়ে বসেছিলেন। প্রচুর আর্থিক ক্ষতির পর তিনি বলেছিলেন, 'গ্রহ-নক্ষত্রের গতি আমি বুঝতে পারি তবে মানুষের পাগলামির ধারা বোঝা আমার পক্ষে অসম্ভব।'

৬. **বিস্ফোরণ অবশ্যম্ভাবী নয়।** ইতিহাসের পুনরাবৃত্তি নাও হতে পারে। হয়ত বর্তমান পরিবর্তনশীলতা দূর হবে, আর্থিক অগ্রগতি চিরস্থায়ী হবে। হয়ত আজ যারা নেটওয়ার্ক মার্কেটিং ব্যবসার যৌক্তিকতা উপলব্ধি করছেন তারাই ভুল প্রমাণিত হবেন। হয়ত নিজের জীবনে আর্থিক সচ্ছলতার জন্য নিজে দায়িত্ব গ্রহণ করা ভুল। হয়ত নিজের আর্থিক উন্নয়নের জন্য চাকরি, সরকার ও স্টক মার্কেটের ওপর নির্ভরশীল থাকাই সঠিক পন্থা। হয়ত বা টাকা ধার নিয়ে স্টকে বিনিয়োগ করে আর্থিক ভবিষ্যত সুনিশ্চিত করাই শ্রেয়। নিজের শিক্ষা-দীক্ষায় বিশ্বাস রাখার বদলে ভাগ্যের ওপর আস্থা রাখাই বুদ্ধিমানের কাজ ..... তবে আমি তা মনে করি না।

আমি নানা দেশ ঘুরেছি। নিজে আমেরিকাবাসী হওয়া সত্ত্বেও স্বীকার করতে বাধা নেই যে, আমরা কূপমণ্ডুক। সমস্ত পৃথিবী আমাদের দেখছে অথচ আমরা বাইরে তাকিয়ে দেখতে রাজি না। সমস্ত পৃথিবীর মানুষ আমেরিকার টিভি প্রোগ্রাম দেখে অথচ আমাদের মধ্যে ক'জন ভারত, চীন কি কোরিয়ার টিভি দেখি? অনেক আমেরিকাবাসী একটি সত্য উপেক্ষা করছে, পৃথিবীর বাকি সকলে দ্রুত পুঁজিবাদী হয়ে উঠছে .... এমনকি কমিউনিস্টরাও পুঁজিবাদী হয়ে উঠছে। এদিকে আরও বেশিসংখ্যক আমেরিকাবাসী নির্ভরশীল, অলস হয়ে উঠছে, ভাবছে ভাল বেতনের চাকরি, সহজে অর্থোপার্জন বুঝি চিরস্থায়ী সুখ .... আশা করি তাই হবে .... তবে তা তো বাস্তব নয়।

ইতিহাসে সবসময় সচ্ছলতাকে অনুসরণ করেছে অধঃপতন। কথাটা হয়ত অপ্রিয় সত্য। নেটওয়ার্ক মার্কেটিং ব্যবসার একটি বৈশিষ্ট্য হল সম্পূর্ণ পৃথিবীটা আপনার এলাকাভুক্ত। যদি আন্তর্জাতিক স্তরে নেটওয়ার্ক মার্কেটিং ব্যবসা করেন তাহলে আকস্মিক অগ্রগতি ও

অধঃপতন দুই-ই আপনার জন্য সুখবর। আর যদি দুটোই সুখবর হয়, সমান হয়, তাহলে তা আপনার অন্তরাত্মা ও আর্থিক ভবিষ্যত দুইয়ের জন্যই সুখবর।

এগুলি কয়েকটি কারণমাত্র, নেটওয়ার্ক মার্কেটিং ব্যবসা আরও উজ্জ্বল, আরও সম্ভাবনাময় হয়ে উঠবে।

আপনার পৃষ্ঠপোষকের কাছে খেলাটা শিখে নিন

CASHFLOW® ১০১ ও ২০২

অবিরাম শিক্ষানুষ্ঠানের কর্মসূচিতে বহু নেটওয়ার্ক মার্কেটিং কোম্পানি তাদের অংশগ্রহণকারীদের ক্যাশফ্লো খেলতে শেখায়। আমার ধনবান বাবা আর্থিক সাফল্যের জন্য আমাকে যে শিক্ষাদীক্ষা দিয়েছিলেন, অনুরূপ শিক্ষা দেওয়ার জন্য এই শিক্ষাসূচিতে আমি তিনটি ভিন্ন ভিন্ন বোর্ড গেম প্রস্তুত করেছি। এগুলি হল CASHFLOW 101, 102 এবং CASHFLOW FOR KIDS®।

এই কোম্পানিগুলি ক্রমাগত এই শিক্ষণীয় খেলা খেলতে উৎসাহ প্রদান করে, কারণ ঃ

১.	এতে শুধু অর্থলাভই নয়, সেই অর্থ সংরক্ষিত করাও শেখানো হয়। ব্যবসায় অনেকেই প্রচুর অর্থোপার্জন করে, তবে তা খরচও করে দেয়। কষ্ট করে উপার্জন করা অর্থ কিভাবে নিজের কাছে রাখা যায় ও কিভাবে অর্থকে দিয়ে পরিশ্রম করানো যায় তা ক্যাশফ্লো শেখায়।

২.	এতে শেখার আনন্দ উপভোগ করা যায় ও স্বপ্ন এবং আর্থিক ভবিষ্যত নিয়ে আলোচনা করা যায়।

৩.	এই শিক্ষার উপাদানের সাহায্যে ব্যবসাদল গড়ে তুলতে শেখা যায়। এই খেলার মাধ্যমে বহু দীর্ঘকালীন বন্ধুত্বের সূত্রপাত হয়েছে। এই বন্ধুত্বের কারণ ––– একই জিনিস সকলে সমানভাবে উপভোগ করতে পারছে .... এখানে সেই জিনিসটা হল শিক্ষণীয় এক বোর্ড গেম যা ব্যক্তিগত আর্থিক ভবিষ্যত সুনিশ্চিত করে। যখন মানুষ

উপলব্ধি করে যে তার স্বপ্ন বাস্তবায়িত করায় সাহায্য করতে প্রস্তুত বিশ্বের আরও অনেক মানুষ, তখন তারা বন্ধুত্বের বন্ধনে আবদ্ধ হয়ে যায়।

৪.   নেটওয়ার্ক মার্কেটিং ব্যবসায় নিত্য নতুন লোককে আহ্বান জানানো যায়।

৫.   অর্থ সম্বন্ধে মানুষের মানসিকতায় পরিবর্তন আনা যায়। আমার ধনবান বাবা বলতেন, 'যদি অর্থ সম্বন্ধে মানুষের মানসিকতায় পরিবর্তন আনতে পার, তাহলে বাইরের জগতটাকেও বদলাতে পারবে।'

        এই কারণ এবং আরও অন্যান্য কারণে বহু নেটওয়ার্ক মার্কেটিং কোম্পানি আমার ক্যাশফ্লো গেম খেলা গ্রহণ করেছে। এরা বুঝেছে যে, এই খেলাগুলি আনন্দদায়ক, শিক্ষনীয়, দলবদ্ধ হতে শেখায় ও আরও নতুন মানুষকে ব্যবসায় যোগ দিতে আগ্রহী করে তোলে। আপনার স্পনসর অর্থাৎ পৃষ্ঠপোষককেও এটা খেলতে বলুন। আপনি নিজে এই ব্যবসা না করলেও কিভাবে অর্থোপার্জন করা যায়, কিভাবে নিজেকে এবং নিজের অর্থব্যবস্থা সঠিকভাবে পরিচালনা করা যায়, তা শেখার সুযোগ পাবেন।

বিশ্বের সর্বশ্রেষ্ঠ শিক্ষাগুরু আপনাকে পথ দেখানোর জন্য প্রস্তুত

আমাকে প্রায়ই প্রশ্ন করা হয়, 'পথপ্রদর্শক কোথায় পাব?'

আমার উত্তর হল, 'পথপ্রদর্শক খোঁজার নানা পন্থা রয়েছে, আমার জীবনে আমি একাধিক পথপ্রদর্শক পেয়েছি। এদের মধ্যে সবচেয়ে সেরা পথপ্রদর্শকদের একজন ছিল নাইটিঙ্গল কন্যান্টের অডিও টেপের সম্ভার।'

১৯৭৪-এ মেরিন কোর্স ছেড়ে জেরক্স কর্পোরেশনে যোগ দেওয়ার সময় আমি নেতৃত্বের দক্ষতা শেখার প্রয়োজন উপলব্ধি করি। মেরিন কোর্স থেকে যে নেতৃত্বের শিক্ষা পেয়েছিলাম তা মহামূল্যবান ছিল, তবে তা ব্যবসা জগতে কার্যকর ছিল না। মেরিন কোর্সে যদি চেঁচিয়ে আদেশ দিতাম, 'সার্জন জ্যাকসন, ২৩০০ ঘণ্টায় (রাত ১১টায়) সেনাদলকে ডিউটিতে উপস্থিত থাকতে বলবেন,' সার্জন জ্যাকসন জবাব দিতেন, 'নিশ্চয়ই স্যার', এবং এমন হয়ত ঘটত সারাদিন অক্লান্ত পরিশ্রমের পর। তবে ঐ আচরণ যদি অসামরিক জীবনযাত্রায়, ব্যবসা জগতে প্রয়োগ করতাম, মানসিক ও অনুভূতিগত অত্যাচারের অভিযোগে আমাকে হয়ত কাঠগড়ায় দাঁড়াতে হত, হয়ত প্রচুর ওভারটাইম দিতে হত।

আরও বেশি শিক্ষা, আরও বড় আদর্শ ও পথপ্রদর্শকের প্রয়োজন অনুভব করে আমি নাইটিঙ্গল কন্যান্টের অডিও লাইব্রেরির শরণাপন্ন হই। জেরক্স কর্পোরেশনে ব্যবসা, কাজকর্ম ও সেলস্ ট্রেনিং-এর সঙ্গে আমার কর্মজীবনের শিক্ষায় সম্পূরক ছিল নাইটিঙ্গল কন্যান্টের টেপ। কাজে যাওয়ার সময়, মক্কেলের অফিসে যাওয়ার পথে আমি গাড়িতে বসে আমার

সহকর্মীদের মত রক্ অ্যাণ্ড রোল গানবাজনা না শুনে, শুনতাম বিশ্বের শ্রেষ্ঠ শিক্ষকদের এই পাঠগুলি। আজ আমার সাফল্যের জন্য অনেকাংশে দায়ী অডিও টেপের ঐ পথপ্রদর্শকরা।

আপনাদের মধ্যে যারা যাবজ্জীবন শিক্ষালাভে সত্যি আগ্রহী, তাদের আমি একান্ত অনুরোধ করছি নাইটিঙ্গল কন্যান্টের অডিও টেপ শুনুন। এখনও জিম-এ কি গাড়িতে বসে আমি ঐ টেপগুলি শুনি। নানাভাবে এদের টেপ আমাকে সময়ের সঙ্গে আরও বেশি সফল হয়ে উঠতে সাহায্য করছে।

সারাংশ

যদি আপনার মনে হয় নেটওয়ার্ক মার্কেটিং ব্যবসা আপনার উপযুক্ত, তাহলে আপনাকে এই পন্থাগুলি অনুসরণ করার অনুরোধ করব :

১.   জীবনে পরিবর্তন আনার দৃঢ় সিদ্ধান্ত নিন।

২.   খণ্ডকালীন নেটওয়ার্ক মার্কেটিং ব্যবসা শুরু করুন। এই ব্যবসায় টিকে থাকার সিদ্ধান্ত নিন, পাঁচ বছর, দু'বছর, এক বছর বা ছ'মাস।

আমার ধনবান বাবা বলতেন, 'সফল ও ব্যর্থ মানুষের প্রভেদ হল ফিনিশ লাইন অর্থাৎ সমাপ্তিরেখা। সফল মানুষ কখন ফিনিশ লাইনে পৌঁছেছে, প্রথমে কি শেষে, তার পরোয়া করে না। এদের লক্ষ্য লাইনটা অতিক্রম করা। অথচ ব্যর্থ মানুষ জেতার আগেই পালায়। একজন অসফল মানুষ জীবনে প্রতিদিন ১০০ গজ দৌড়ের ৯৫ গজ পর্যন্ত দৌড়ে হাল ছেড়ে দেয়।'

৩.   লক্ষ্যচ্যুত হবেন না। একবার সিদ্ধান্ত নেওয়ার পর পেছপা হবেন না। অসফল মানুষের মত কাজ করবেন না ..... অর্থাৎ মত বদলাবেন না। যদি একবছর এই ব্যবসায় টিকে থাকার সিদ্ধান্ত নেন তাহলে সেই একবছরে স্পনসর যে ক'টি অনুষ্ঠানে অংশগ্রহণের পরামর্শ দেবেন সেগুলিতে অবশ্যই উপস্থিত থাকুন। আপনার মূল চিন্তাধারা ও মূল্যবোধে পরিবর্তন প্রয়োজন। আমার পঞ্চম মিটিং-এর পর আমার মনের পরিবর্তন লক্ষ্য করি, যা আগে চোখে পড়েনি তা দেখতে পাই।

৪.   লক্ষ্য সুনিশ্চিত করুন, আপনি কি ঃ

মাসে আরও কয়েক ডলার আয় করতে চান?

আপনার বেতনের সমপরিমাণ আয় করতে চান?

বছরে $ ১ মিলিয়ন আয় করতে অর্থাৎ ধনী হতে চান?

মাসে অন্ততঃ $ ১ মিলিয়ন আয় করতে অর্থাৎ অতি-ধনী শ্রেণীভুক্ত হতে চান?

৫.   ভালমত অধ্যয়ন করুন, মনে করুন আপনার সম্পূর্ণ জীবন এতে নির্ভরশীল .... কারণ সত্যি তো তাই।

৬.   বড় বড় স্বপ্ন দেখুন ... স্বপ্ন হারাবেন না যেন! যদি সেই স্বপ্ন কখনও সত্যি না-ও হয়, তা সত্ত্বেও বড় বড় স্বপ্ন দেখুন, ছোট ছোট স্বপ্ন দেখার চেয়ে বড় স্বপ্ন দেখা, তা বাস্তবায়িত করা বাঞ্ছনীয়। আমার ধনবান বাবা বলতেন, ‘সফল ও খুব সফল মানুষের মধ্যে তফাৎ তার স্বপ্নের আকার।’

আপনি নেটওয়ার্ক মার্কেটিং ব্যবসাকে যদি জীবিকা করতে চান ... অথবা যদি নাও চান ... বড় স্বপ্ন দেখতে ভুলবেন না। কে জানে, হয়ত একদিন আপনার স্বপ্ন সত্যি হয়ে উঠবে .... তাই বড় স্বপ্ন দেখাই ভাল, তাই না!

ধন্যবাদ,
রবার্ট কিয়োসাকি

About the Authors

Robert T. Kiyosaki

Born and raised in Hawaii, Robert Kiyosaki is a fourth-generation Japanese-American. After graduating from college in New York, Robert joined the Marine Corps and went to Vietnam as an officer and helicopter gunship pilot.

Returning from war, Robert went to work for the Xerox Corporation and in 1977 started a company that brought the first nylon Velcro surfer wallets to market. In 1985, he founded an international education company that taught business and investing to tens of thousands of students throughout the world.

In 1994, Robert sold his business and retired at the age of 47. During his short-lived retirement, Robert wrote *Rich Dad Poor Dad.* Soon afterward he wrote *Rich Dad's CASH-FLOW Quadrant* and *Rich Dad's Guide to Investing.* All three books are currently on the bestseller lists of the *Wall Street Journal, Business Week, The New York Times, E-Trade.com,* and other distinguished lists. Robert also created his educational board game CASHFLOW to teach individuals the same financial strategies his rich dad spent years teaching him . . . the same financial strategies that allowed Robert to retire at the age of 47.

Robert is often heard saying, "We go to school to learn to work hard for money. I write books and create products that teach people how to have money work hard for them . . . so they can enjoy the luxuries of this great world we live in."

9 788186 775356